CHOMSKY & MUJICA

Saúl Alvídrez

CHOMSKY & MUJICA

SOBREVIVENDO AO SÉCULO XXI

Tradução de
Maria Cecilia Brandi

6ª edição

CIVILIZAÇÃO BRASILEIRA
Rio de Janeiro
2025

Título original: *Chomsky & Mujica: Sobreviviendo al siglo XXI*

Projeto de miolo: Penguin Random House Grupo Editorial
Diagramação: Abreu's System

Texto revisado segundo o Acordo Ortográfico da Língua Portuguesa de 1990.

Direitos desta tradução adquiridos pela
EDITORA CIVILIZAÇÃO BRASILEIRA
Um selo da
EDITORA JOSÉ OLYMPIO LTDA.
Rua Argentina, 171 – 3º andar – São Cristóvão
Rio de Janeiro, RJ – 20921-380
Tel.: (21) 2585-2000.

Seja um leitor preferencial Record.
Cadastre-se no site www.record.com.br
e receba informações sobre nossos lançamentos e nossas promoções.
Atendimento e venda direta ao leitor:
sac@record.com.br

CIP-BRASIL. CATALOGAÇÃO NA PUBLICAÇÃO
SINDICATO NACIONAL DOS EDITORES DE LIVROS, RJ

A482c
Alvídrez, Saúl, 1988-
Chomsky & Mujica : sobrevivendo ao século XXI / Saúl Alvídrez ; tradução Maria Cecilia Brandi. – 6. ed. – Rio de Janeiro : Civilização Brasileira, 2025.
15,5 x 22,5 cm.

Tradução de: Chomsky & Mujica : sobreviviendo al siglo XXI
"Inclui encarte com fotos"
ISBN 978-65-5802-148-3

1. Chomsky, Noam – Entrevistas. 2. Mujica Cordano, José Alberto, 1934- – Entrevistas. 3. Intelectuais – Entrevistas. 4. Ciência política – Filosofia. I. Brandi, Maria Cecilia. II. Título.

CDD: 320.01
24-91815 CDU: 32:1

Meri Gleice Rodrigues de Souza – Bibliotecária – CRB-7/6439

Impresso no Brasil
2025

SUMÁRIO

I.

A ÁGUIA E O CONDOR: DESCOBRINDO CHOMSKY E MUJICA

Perambulava pelas ruas de La Paz, na Bolívia, incomodado por uma pergunta: *Que diabos vim fazer aqui?* Não era o lugar o que me inquietava, podia ter sido qualquer outro local. Na verdade, estava questionando o sentido da minha vida e as decisões que tinham me levado para tão longe de casa.

Caminhei sem rumo durante horas, até chegar a uma rua muito especial. Impactado, vi diversos tipos de artesanato e tecidos bonitos, mas o que mais me chamou atenção foram as dezenas de fetos de lhama (mamífero andino semelhante ao camelo, que eu nunca tinha visto até chegar ao país) pendurados e à venda. Disseram-me que eu estava no mercado da *rua das bruxas* e, embora eu não seja muito esotérico, fiquei fascinado com a atmosfera mística daquele lugar.

Eu já morava na Bolívia havia alguns meses, mas nesse dia me dediquei a vaguear como um turista, à procura de um presente para minha irmã, sem saber quando voltaria a vê-la. Esse mercado ficava ao longo de uma rua estreita e cheia de gente e, depois de andar por vários quarteirões, notei que uma senhora mais velha me observava fixamente da porta de sua loja. Fiquei um pouco desconfortável com a intensidade do seu olhar, que vinha de longe atravessando uma vasta multidão, mas ao passar diante dela decidi entrar na loja e perguntar sobre alguns produtos que vendia, inclusive os fetos de lhama. Explicou-me que aqueles filhotes, que não sobreviveram ao parto, eram empalhados e usados como oferenda num ritual de origem pré-hispânica chamado *challa*. A palavra *ch' allar* significa "aspergir" ou "pulverizar" na língua aimará e representa a gratidão à Pachamama, ou seja, à Mãe Terra.

Depois quis saber sobre outros produtos curiosos, mas ela já não me deu muita atenção. Seu semblante era sério, e a mulher não parecia acreditar que eu compraria alguma coisa. Limitou-se a me observar, mas sugeriu que desse uma olhada em tudo até encontrar o que mais me agradasse.

Percorri a loja e me detive numa peça de madeira lindamente esculpida – representava uma águia e um condor voando juntos. Foi então que ela se pôs ao meu lado. O ano era 2014, e aquela peça de madeira me levou imediatamente a pensar em duas personalidades que, àquela altura, haviam conquistado a minha admiração: o intelectual estadunidense Noam Chomsky e o político uruguaio José *Pepe* Mujica. Fascinado pelas suas proposições políticas e filosofias de vida, assim como pela coerência radical que emana da biografia deles, vinha-os estudando seriamente e com a mesma inquietação que, de modo involuntário, me levou àquele mercado: não conseguia encontrar um sentido para a minha vida e me sentia profundamente só.

Perguntei à senhora a respeito da peça, não tanto pelo preço, mas pelo seu significado, e ela me disse que se tratava de algo muito especial: a profecia da Águia e do Condor. Movido pela curiosidade, pedi para ela me contar do que se tratava e, embora não seja capaz de citar suas palavras exatas, a resposta foi esta:

> Contam os sábios da América do Norte e do Sul, xamãs e anciãos veneráveis, que nos primórdios dos tempos a humanidade vivia unida e em harmonia com o seu entorno, mas chegou o dia em que esse grupo se dividiu em dois: o Povo da Águia e o Povo do Condor. O Povo da Águia, orientado principalmente para o racional e a energia masculina, seria seduzido pelo intelecto e pelo mundo material, alcançando incríveis proezas técnicas que permitiriam aos seus líderes acumular um poder enorme. Enquanto isso, mais sensível e mais sintonizado com a energia feminina, o Povo do Condor teria apreço pelos sentidos, pelo espírito e pela sua relação com o mundo natural, o que implicaria numa franca desvantagem em relação ao Povo da Águia, que dominaria o mundo.

> No entanto, esse desequilíbrio no fim das contas ameaçaria a existência de ambos os povos. E, depois de muitos séculos de espera, chegava a hora da Águia e do Condor voarem juntos novamente. Desse voo nascerá uma outra humanidade, capaz de sobreviver ao novo ciclo: a humanidade do Quetzal.

Naquela época, costumava me referir a Noam Chomsky e a Pepe Mujica como *o sábio do Norte e o sábio do Sul* – anos mais tarde, Chomsky apontou que isso era falso e muito pretencioso, e me pediu gentilmente que não o chamasse assim. Como a águia é um símbolo muito representativo da América do Norte e o condor é um símbolo do Sul, quando vi aquela peça de madeira logo a associei a eles, e acho que a ideia de ver os dois reunidos também nasceu naquele momento. Porém, ao ouvir a profecia, compreendi que a águia representava a civilização ocidental moderna, o mundo globalizado e uma concepção antropocêntrica da realidade, enquanto o condor representava a cultura e a concepção biocêntrica das civilizações indígenas, originárias e ancestrais do mundo todo. E embora eu tenha encontrado um presente para minha irmã naquele dia, me arrependo de não ter comprado a tal peça de madeira. Ainda assim, a profecia da Águia e do Condor me acompanharia para sempre.

Durante aquela temporada na Bolívia, fiquei hospedado na casa de uma amiga jornalista e, depois de sair do mercado, andei por algumas horas até lá. Deixando a melancolia para trás, essa foi uma caminhada catártica; comecei a perceber como cada uma das coincidências que eu vinha desvendado entre Noam Chomsky e Pepe Mujica (que já eram um achado) se conectava perfeitamente com a profecia que acabara de ouvir, como se fossem duas formas diferentes de entender que a humanidade chegou a um ponto de inflexão alarmante. Notei que já não caminhava me perguntando *Que diabos vim fazer aqui?*. Agora minha curiosidade estava centrada sobretudo no significado do Quetzal e, por alguma razão, eu sentia que partindo desta questão encontraria o caminho e a paz que havia perdido ao longo da primavera de 2012.

Meu nome é Saúl Alvídrez Ruiz, e nasci em 1988 no estado de Chihuahua. Sou, portanto, um *millennial* mexicano nascido na terra de Pancho Villa, na fronteira ao norte da América Latina. Cresci numa família de classe média trabalhadora e, muito jovem, me apaixonei pela música e, ainda mais, pela política. Embora depois tudo fosse mudar, na adolescência me entendia como um roqueiro de esquerda e cultivava o desejo grandiloquente de me tornar presidente do México. Minha educação, durante a infância e a adolescência, foi dada por uma instituição católica, e isso me marcou muitíssimo. Aos 12 anos, e sem consultar os meus pais, fui o único aluno da minha geração que recusou a cerimônia de *crisma* organizada pela escola. Houve várias discussões com padres e professores, mas nunca encontrei forma de justificar a autoridade da Igreja e seu monopólio do divino.

Na adolescência, participei de campeonatos nacionais de basquete e atletismo representando o estado de Chihuahua, o que me permitiu conseguir uma bolsa universitária de 60%, como atleta do Instituto Tecnológico de Monterrey (ITESM), no Campus Chihuahua. No entanto, pouco depois de entrar na universidade, minha mãe faleceu, após passar meses entre dores e hospitais. Eu tinha acabado de fazer 19 anos. Consegui, então, uma bolsa integral para órfãos e me mudei para a Cidade do México, determinado a concluir meus estudos universitários e iniciar uma carreira política na capital do país. Minha banda de rock progressivo ficou para trás, embora eu ainda cante no chuveiro.

Como estudante de Direito e Economia (ITESM Campus Santa Fé), na Cidade do México, fui presidente da Associação de Alunos e me tornei um grande admirador do fundador da WikiLeaks, Julian Assange; uma admiração que, àquela altura, só se comparava com a que eu sentia pela banda de rock inglesa Pink Floyd. Na época, eu sabia pouco sobre Noam Chomsky ou Pepe Mujica, mas, como mencionei, já me considerava um homem "de esquerda". Foi só em 2012, no último semestre da licenciatura, que descobri que nem homem eu era ainda, muito menos de esquerda; na verdade, eu só conhecia o privilégio e era só mais um *grillo*. Isso porque, no México, chamamos de *grillos* as pessoas que (conscientemente ou não) são atraídas para o poder político apenas por vaidade e interesse pessoal, são indivíduos que não têm outra causa além de si próprios e se veem facilmente seduzidos pela ideia de se servirem, e não pela de servir aos outros.

No final de abril de 2012, quando eu cursava o último semestre na universidade, meu pai faleceu. Eu tinha acabado de fazer 24 anos, e isso me deixou arrasado, tal como na morte da minha mãe. No entanto, nenhum desses episódios seria tão complexo quanto o que teve início duas semanas depois. No dia 11 de maio, em plena campanha presidencial, o candidato Enrique Peña Nieto deu uma conferência na Universidade Ibero-Americana (Ibero), na Cidade do México, que, tal como o Instituto Tecnológico de Monterrey, é uma das universidades privadas e neoliberais mais caras do país. Nesse contexto, algo inesperado aconteceu. Peña Nieto, que era o candidato favorito da direita mexicana e representante do Partido Revolucionário Institucional (PRI), viu-se repentinamente encurralado por um protesto de estudantes que criticava, aos gritos, os atos de corrupção e repressão ocorridos durante seu mandato como governador do estado do México.* O protesto foi tão vigoroso que, ao tentar sair da universidade, Peña Nieto foi obrigado a se esconder no banheiro enquanto sua equipe de segurança continha os estudantes. Chegaram a arremessar um sapato nele, assim como em George Bush, em 2008, durante a guerra do Iraque.

Diante disso, o coordenador da campanha de Peña Nieto declarou nesse mesmo dia, aos meios de comunicação, que aqueles que haviam protestado na Ibero não eram universitários, mas sim "bate-paus e manifestantes contratados", ou seja, agentes provocadores. Por conta dessa mentira, 131 estudantes que participaram do protesto fizeram um vídeo

* Também conhecido como Edomex, o estado mais populoso do México é homônimo do país e da capital. [*N. E. Bras.*]

mostrando a carteirinha estudantil e dizendo: "Não sou bate-pau nem manifestante contratado, sou aluno da Ibero." Em poucas horas, esse vídeo viralizou tanto quanto os de Peña Nieto trancado no banheiro, de cara assustada.

No dia seguinte, como desdobramento grotesco de uma manobra organizada, a maioria dos meios de comunicação locais e nacionais publicou a mesma manchete: "Sucesso de Peña Nieto apesar da tentativa de boicote." Não estive no protesto da Ibero – eu era aluno do Instituto Tecnológico de Monterrey –, mas, a partir de um grupo que criei no Facebook com o nome *Yo Soy 132* [em solidariedade aos 131 estudantes do vídeo] (e que em dois dias já contava com 90 mil integrantes), contatei alguns dos estudantes da Ibero e propus uma reunião, para a qual também convidei dois estudantes da Universidade Anáhuac e outros dois da ITAM, universidades privadas que, no conjunto, representam as quatro instituições de ensino mais "exclusivas" do país.

A reunião aconteceu no dia 15 de maio, na Ibero, e éramos cerca de trinta alunos. Lá, inspirado nas ideias de Julian Assange, e depois de passar a noite toda pensando, propus que organizássemos um movimento estudantil com o mesmo nome *Yo Soy 132*, que teria como objetivos a democratização dos meios de informação e o repúdio ao candidato Enrique Peña Nieto – um político que, além de ser acusado de corrupção e repressão, era amplamente reconhecido como um produto publicitário construído pela mais poderosa organização midiática do México: a Televisa. Propus também que, no dia 18 de maio, junto com as universidades públicas, fizéssemos uma caminhada até às instalações da Televisa para protestar contra a sua interferência no processo eleitoral e que, diante de suas câmaras e repórteres, convidássemos o resto do país a se manifestar no dia 23 de maio nas principais praças públicas. Houve consenso, executamos o plano e, graças ao incrível poder de mobilização que teve ao longo de todo o processo eleitoral, o *Yo Soy 132* (também conhecido como *Primavera Mexicana* e *Occupy Mexico*) rapidamente se transformou no maior movimento estudantil do século XXI no meu país e na maior ameaça ao projeto presidencial da oligarquia mexicana daqueles tempos.

Passados poucos meses das suspeitas eleições de 1º de julho de 2012, Peña Nieto tomou posse como presidente do México, e a sua administração resultou no desastre histórico que alertáramos. No entanto, cabe destacar que a credibilidade dos meios de comunicação caiu drasticamente entre o eleitorado mexicano, um fenômeno que persiste até hoje em dia e que, sem dúvida, possibilitou um maior dinamismo na democracia do país.

Pessoalmente, essa experiência me transformou; deixei de ser um *grillo*. E, além do que aprendi com os camaradas do movimento estudantil (em especial, com os que eram de universidades públicas, os mais experientes politicamente), me marcou em particular um ataque orquestrado ao movimento, que me acusava de trabalhar para o então candidato da esquerda, Andrés Manuel López Obrador. Tratava-se de uma acusação inteiramente falsa, vinda de um suposto membro do *Yo Soy 132*, mas tal mentira foi o último grande escândalo midiático antes da votação de 1º de julho – e que escândalo. Logo vieram à tona as ligações com o PRI e os antecedentes criminais daquele sujeito que me caluniava com apoio ilimitado da mídia, mas apenas um ano depois descobriram onde esse infiltrado trabalhava: era um agente do Centro de Inteligência e Segurança Nacional (CISEN) do governo mexicano. Como mencionei, eu já tinha vivido momentos muito dolorosos no âmbito familiar, mas nunca algo tão complicado como aquela farsa. Foram os piores dias da minha vida, e os vivi sozinho em meio a todo tipo de ameaça.

Após a vitória de Peña Nieto nas eleições, e temendo que o movimento desaparecesse, tentei propor que *Yo Soy 132* se tornasse uma federação estudantil nacional e, assim, pudesse ter continuidade, para além do processo eleitoral que o havia motivado, mas nessa altura a minha participação política no movimento tinha sido totalmente neutralizada. Vale ressaltar que o movimento estudantil tinha uma estrutura muito horizontal e descentralizada em todo o país e, como membro de um grande grupo de fundadores, eu só tinha o poder de propor ideias, mas nunca de impô-las.

Aquele escândalo na mídia atingiu com força o *Yo Soy 132* e fez com que muita gente deixasse de acreditar em mim. Na esquerda, houve quem achasse que eu trabalhava para Peña Nieto, ou seja, que o infiltrado era eu. Muitos membros do movimento se afastaram – alguns por pragmatismo político e outros por dar crédito às mentiras sobre traição –, enquanto meus parentes mais próximos e a maioria dos meus amigos assumiram, subitamente, uma dura atitude de desaprovação após o escândalo sobre o qual, no mínimo, me diziam, com uma autoridade singular, que eu tinha sido ingênuo (entre muitos outros rótulos que recebi).

A frustração e a impotência foram enormes; dei o meu melhor desde o início e queria continuar participando por amor ao que fazíamos, mas quando comecei a disseminar a ideia da federação estudantil nacional em alguns círculos, comecei a receber ameaças de morte muito mais graves do que aquelas que já haviam se tornado corriqueiras. Houve até uns caras que me perseguiram algumas vezes pelas ruas da Cidade do México, mas não me alcançaram. Nesse contexto, decidi sair do país e me exilei ao Sul e à esquerda o máximo possível que consegui.

Abandonei aquele desejo adolescente de ser presidente. Senti que o caminho dos partidos políticos e da burocracia (a chamada *grilla*) não era para mim e comecei a ter dúvidas bem concretas sobre certas ideias e atitudes da esquerda que eu conheci no México. Nunca esquecerei a frase de um proeminente e midiático membro da esquerda mexicana – que eu considerava meu amigo – quando lhe disse que não entendia por que tanta gente tinha passado a me ignorar e dizer que eu era um *pária político*. Ele sabia muito bem que eu era vítima de uma farsa, mas respondeu: "Na guerra, Saúl, quando um soldado cai, o pelotão deve continuar avançando." Isso deixou tudo muito claro.

Fiquei profundamente deprimido, e também paranoico e muito assustado com a avalanche midiática e as campanhas de ódio nas redes: meu nome foi *trending topic* mundial do Twitter durante dias, seguido pela hashtag #ySiMatamosaSaul [e se matarmos Saúl], ao mesmo tempo que não cessavam as ameaças de quebrarem janelas da minha casa (já que a mídia se encarregou de divulgar meu endereço). Porém, o que me marcou por anos a fio e mais me feriu por dentro foi ter me sentido traído pelo meu círculo mais próximo. Na época, eu não conseguia entender por que logo eu estava vivendo aquilo. Fui para a América do Sul achando que precisava fazer algo significativo para limpar meu nome e, assim, poder de novo participar da política mexicana. Agora eu queria participar de uma forma diferente, mas ainda não sabia como. Dominado pelo meu ego, achava que, até conseguir limpar meu nome, não deveria voltar ao país, mas felizmente fui amadurecendo tudo isso aos poucos, embora nunca tenha voltado a ser o mesmo. Passei anos no Sul até entender que não tinha que reivindicar nada e que, se de todos os integrantes do movimento aquilo aconteceu só comigo, foi porque, então, eu era aquele que tinha mais a aprender. Não sei até que ponto essa última afirmação é verdadeira, mas com todas as minhas forças tentei me convencer de que, por trás daquela experiência, haveria algo especial me esperando. O problema é que eu não tinha ideia do que seria nem em que direção estava, até que ouvi aquela profecia na *rua das bruxas*.

Inicialmente, viajei do México à Bolívia com dois objetivos. Um deles era promover um projeto tecnológico, em colaboração com o Centro Nacional de Supercomputação do México (IPICYT), que levaria internet de alta qualidade e baixo custo às áreas marginalizadas do país andino. O segundo era formar uma equipe de desenvolvedores de *software* para construir o primeiro *sistema de comunicação articulatória*, um projeto de informática que desenvolvi também inspirado em Julian Assange. Infelizmente não alcancei nenhum dos objetivos, mas naquele país mágico descobri a profecia da Águia e do Condor, e isso foi mais do que suficiente para saber o que vinha a seguir: minha missão seria promover, entre os *millennials* e *centennials* do mundo, a ideia de que somos a humanidade nascente do Quetzal e que está nas nossas mãos sofrer o iminente colapso da civilização ou construir uma nova humanidade, capaz de desafiar os limites da nossa imaginação.

Depois da Bolívia, fui para a Argentina e para a Colômbia, onde passei períodos mais curtos, embora com os mesmos objetivos e o mesmo resultado. Em seguida, fui morar no Equador por dois anos, depois de vencer um concurso nacional de empreendedorismo com aquele projeto de informática. Mas antes da mudança eu voltaria ao México por causa de Zeus, meu cachorro, que ficou na casa da minha ex-namorada quando parti para a Bolívia. No Equador, vivi temporadas de extrema solidão morando nos limites de um povoado pequeno e bonito chamada Urcuquí e, embora tenha feito quatro amigos de valor inestimável, cheguei a passar semanas inteiras rodeado pelo nada e sem falar com nenhum ser humano, submetendo-me de forma inconsciente a um isolamento severo, ao qual, se não fosse por Zeus, eu não teria sido capaz de sobreviver. Foram momentos que, sem dúvida, me transformaram e me ajudaram a desaprender muitas coisas. No Equador, tendo a missão do Quetzal como único horizonte e propósito de vida, concentrei-me obsessivamente em pesquisar e analisar as faces do dilema que minha geração enfrentará nas próximas décadas. Estudei como nunca, sobretudo as ameaças de mudança climática, guerra nuclear e disrupção tecnológica. Fiquei concentrado em temas como comunicação, economia, história, *software*, biologia sintética, sociologia, inteligência artificial, impressão 3D, geopolítica, tecnologia *blockchain*, em suma, tudo o que me permitisse compreender melhor o cenário do iminente colapso civilizacional que está à nossa frente.

Durante esse processo, meus estudos e meu interesse por Noam Chomsky e Pepe Mujica cresceram ainda mais. Suas ideias estoicas e anarquistas criaram raízes profundas em meu coração e revelaram à minha mente a essência do Quetzal. Graças a eles, fui descobrindo um caminho intelectual e filosófico mais amplo e luminoso, algo que não conhecia e que me deu de novo a segurança que tive quando nasceu o *Yo Soy 132*. Refiro-me à segurança que brota do interior, quando se sente que os sonhos e paixões se alinham com o momento, o lugar e o trabalho que está sendo realizado. É uma força difícil de explicar, mas vem acompanhada da sensação de que nada é coincidência e de que você está cumprindo o seu destino.

Foi assim que a visão de mundo de Chomsky e Mujica me levou a estudar outra vez a Grécia Clássica e a conhecer uma esquerda que eu não conhecia, particularmente os mais brilhantes críticos de Karl Marx, como Mikhail Bakunin, Pierre-Joseph Proudhon, Emma Goldman e Piotr Kropotkin. Assim conheci a esquerda da esquerda. A partir daí, migrei para figuras brilhantes, como Rudolf Rocker, e para muitas histórias fascinantes, como a de Buenaventura Durruti ou a de Ricardo Flores Magón; estudei movimentos genuinamente libertários, como o do Exército Zapatista de Libertação Nacional (EZLN) e Cherán; mais tarde, mergulhei na filosofia indígena e decolonial; e, por fim, comecei a explorar meu próprio temperamento, que sempre foi anarquista, embora eu não soubesse disso.

Naquele momento eu estava convencido de que a nossa civilização é ecológica, econômica, política e socialmente insustentável, e de que a doutrina daqueles libertários de esquerda era a única saída. Ao entender isso, decidi que precisava conversar com o professor Chomsky e com Pepe Mujica; deveria reunir os dois e fazer um documentário com eles, porque essa seria a melhor forma de aproximar as suas ideias dos jovens de hoje. De algum modo, eu estava certo de que, se a longa jornada de Chomsky e Mujica tinha promovido um despertar em mim, provavelmente eles poderiam fazer o mesmo com muitos outros jovens; e isso, junto com o projeto de informática inspirado em Assange, significava, na minha cabeça, despertar o Quetzal. Minha vida estava de novo voltando a ter um sentido, um horizonte, uma missão, uma razão para estar vivo e seguir em frente, algo que preenchesse meu coração. Por mais isolado que estivesse, já não me sentia mais tão sozinho.

No início de 2016, comecei a ir atrás de uma maneira de me comunicar com Noam Chomsky e Pepe Mujica. Fui a embaixadas, bati em mil portas e fiz tudo o que era possível, mas passei meses sem encontrar nenhum e-mail ou modo de comunicação eficaz para falar com Mujica. Com Chomsky foi bem diferente. Procurei no diretório do Instituto de Tecnologia de Massachussetts (MIT), e lá estava seu endereço eletrônico, então lhe escrevi, contando sobre *Yo Soy 132* e dizendo que queria conversar com ele. Para minha surpresa, Chomsky respondeu no dia seguinte e, após uma série de e-mails trocados, em 4 de outubro de 2016 viajei para vê-lo em Boston, nos Estados Unidos.

Nós nos encontramos em sua sala no MIT, instituição onde ele dá aula há décadas. Confesso que a situação me intimidava um pouco, mas me aventurei a lhe contar sobre o conceito de *comunicação articulatória* no qual vinha trabalhando. Esse conceito propõe a tomada coletiva dos meios de comunicação através do desenvolvimento de plataformas digitais autônomas que permitam aos cidadãos obter informações, decidir e agir coletivamente, dando origem à *inteligência coletiva* como ramo de estudo e desenvolvimento tecnológico, com fins especificamente democráticos. Foi uma conversa muito interessante, pelo menos para mim, e fiquei surpreso com a humildade com que ele se concentrou em entender as ideias que eu tentava compartilhar. Naquela época, meu inglês não era tão bom quanto eu gostaria, e minhas ideias provavelmente tinham muitas deficiências, mas me senti muito confortável conversando com ele. Não é necessário trocar muitas palavras com Noam Chomsky para perceber que seu cérebro é extraordinário, e não só isso: também é uma pessoa muito gentil, calorosa e simples. Noam Chomsky é um grande ser humano.

Em sua sala, pude notar três detalhes significativos: pilhas intermináveis de livros em cada canto, um bonequinho zapatista (com certeza dado de presente por algum integrante do EZLN no México) e uma grande fotografia do filósofo e matemático inglês Bertrand Russell, acompanhada da seguinte citação: "Três paixões simples, mas extremamente poderosas, governaram a minha vida: o intenso desejo de amor, a busca por conhecimento e uma compaixão insuportável pelo sofrimento da humanidade."

No fim daquela conversa, à qual María Ayub – uma grande amiga, também chihuahuense e *millennial*, que iniciava a sua carreira no cinema – me acompanhou com a câmera na mão, eu disse a Chomsky que ele e Pepe Mujica eram os homens mais sábios que já havia encontrado, e tentei lhe explicar o impacto radical que os dois tiveram na minha vida. Dessa forma, justifiquei minha proposta de reuni-lo com Mujica para fazer um documentário voltado aos *millennials* e *centennials*. O professor Chomsky aceitou de bom grado.

De Boston voltei ao Equador (Zeus e o projeto de informática me esperavam). Antes eu passaria só uns dias no México para me encontrar com produtores de cinema, ver minha irmã e ir ao casamento de um dos meus amigos mais queridos. Já no Equador, depois de algumas semanas tentando me comunicar com Mujica, em Quito consegui encontrar um amigo dele e de sua esposa, Lucía Topolansky. Contei a esse amigo o que havia acontecido em Boston e, no mesmo instante, ele pegou o celular e fez uma ligação. Passou para mim o telefone, que estava tocando, e disse: "Conte para ela, é Lucía." Desconcertado, peguei o telefone e reconheci a voz. Era de fato Lucía Topolansky, a quem cumprimentei e pedi uma oportunidade de visitar seu marido para lhe fazer a mesma proposta que Chomsky já havia aceitado. Ela topou e conseguimos organizar o encontro na casa deles, que fica nos arredores rurais da cidade de Montevidéu.

Viajei para o Uruguai e, no dia 12 de janeiro de 2017, conversei com Mujica por duas horas. Embora eu ache que foi a conversa mais bonita que já tive na vida, não começou do jeito que eu esperava.

Eu tinha chegado em Montevidéu com sapatos velhos e gastos, pois morava no campo no Equador, longe de qualquer *glamour*. Porém, não queria me apresentar daquele jeito (evidentemente, ainda não conhecia bem quem eu veria), de modo que, no dia anterior, andei pela cidade em busca de calçados novos. Comprei um par de tênis branquíssimos e, com eles brilhando, cheguei à sua *chacra* (que, no sul da América Latina, significa "sítio" ou "propriedade agrícola"). Eu estava vestindo calça jeans e uma camiseta preta comum, e isso só tem importância pelo que aconteceu depois... Mujica vestia uma bermuda e uma camisa velha, que estava suja e sem alguns botões, como se tivesse acabado de consertar o motor do seu trator ou algo parecido. Ele também usava *huaraches* (sandálias) empoeirados e claramente não fazia a barba havia alguns dias. Era um típico camponês, mas com um olhar poderosíssimo.

Ao entrar na sala onde ele estava, me olhou fixamente de cima a baixo e disse com ironia, em voz baixa: "Champion [marca de tênis] novo, roupa de grife... O que vem aí?" Fiquei gélido, mas tentei me recompor e fui logo cumprimentá-lo afetuosamente. Contei-lhe sobre a minha história, o impacto que a dele teve na minha vida, e também discutimos a conjuntura política daquela época. Os minutos voaram. Disse-lhe que, graças a ele e a Noam Chomsky, compreendi que a minha geração é herdeira de uma civilização em decadência e que a nossa sobrevivência estaria em xeque nas próximas décadas, razão pela qual era imprescindível realizar algo que me atrevi a chamar de *a revolução dos usuários*: um processo político-comunicacional focado em tornar obsoletos os administradores do sistema para que os usuários governem, assim como na Grécia Clássica, à qual Mujica tanto se refere. Ele demonstrou uma afetuosa simpatia pelos meus comentários e, pouco a pouco, sua atitude foi me envolvendo.

Mujica é um sujeito com um magnetismo singular, muito autêntico, apaixonado, e também com grande senso de humor. Sobressai nele algo que eu nunca tinha visto: a capacidade de dizer as coisas mais complexas e profundas da maneira mais simples e bonita. Acho que Pepe Mujica é uma espécie de poeta-filósofo do povo. Sem dúvida, é um ser humano que fala a partir de outro lugar, com uma profundidade especial. Suspeito de que isso aconteça com as pessoas que conheceram a tortura e os extremos do sofrimento humano e que, por mera convicção de seus ideais, viram a morte de perto, sem baixar os olhos. Diante de nós, sua força de espírito surpreende de tão radiante.

Sentados frente a frente, disse-lhe que para mim ele era como um avô – foi o que senti quando estive com ele –, e lhe disse também que não sabia se eram boas as minhas ideias de revolução, mas que, humildemente, eram a tradução *millennial* do que eu tinha aprendido com ele e Chomsky. Contei ainda que tudo isso dera sentido à minha vida quando mais precisei e desejava compartilhar com todos os jovens do mundo através de um documentário reunindo os dois pela primeira vez. Mujica aceitou de bom grado.

Cabe mencionar que ele e Noam Chomsky nunca haviam se visto, mas sou testemunha de que antes de se conhecerem já tinham um enorme respeito mútuo. Agora iam se reunir. Isso me gerava uma emoção difícil de descrever, algo como uma curiosidade piromaníaca de misturar dois elementos hiperdisruptivos em uma mesma conversa só para ver o que acontece.

Em julho daquele mesmo ano de 2017, levamos o professor Chomsky e a sua esposa, Valeria Wasserman (alguém tão indispensável quanto Lucía para que esse encontro fosse possível), para passar um fim de semana na casa da família Mujica-Topolansky, no Uruguai. Para mim foi um momento histórico, não só porque se tratava do encontro inédito do mais influente intelectual vivo do nosso tempo com o político mais querido do mundo, mas também porque reunimos ali as duas pessoas que mais admiro. Filmamos por três dias seguidos no Uruguai, e assim começou esta produção. Foi uma experiência incrível, em que aconteceu de tudo, mas essa é outra história, que interessa à tela de cinema, e não a este livro.

Voltei para o México no final de 2017, pensando que em 2018 conseguiria finalizar e estrear o documentário, mas não foi possível, porque, depois dos custos de produção para aquele encontro acontecer no Uruguai, não havia mais dinheiro para concluir a pós-produção do que havíamos filmado. Eu não sabia, mas aquele projeto cinematográfico estava apenas começando. Busquei apoios, sócios, empréstimos, tudo, mas não consegui recursos para terminar o filme, de modo que decidi fazer uma campanha no Kickstarter.com e arrecadar pela internet doações para o projeto. Foi um sucesso e, descontados os impostos, conseguimos reunir cerca de US$ 40 mil, além de uma série de promessas de apoio extra, para transformar o projeto em algo muito maior. Em poucos meses, descobri que US$ 40 mil era muito pouco diante dos custos que teríamos e que aquelas promessas de apoio se desvaneceriam como espuma com a chegada da covid-19 e sua consequente crise global.

Sem sucesso, continuei batendo em várias portas ao longo de 2020 e 2021. Falei com gente à beça do meio cinematográfico do México e do exterior, enviei e-mails a todas as produtoras de documentários que encontrei na internet, mas não arranjava o financiamento para o filme (nem para o *sistema de comunicação articulatória*, inspirado em Assange, projeto que não podia abandonar). Foi durante esse processo que uma pessoa-chave se juntou ao projeto. Como disse, o Pink Floyd me acompanhou desde a adolescência, de modo que repeti a operação: busquei um e-mail no site oficial do meu artista preferido de todos os tempos, Roger Waters, e lhe escrevi, dizendo que gostaria de incluir uma música sua no documentário. Para minha surpresa, Roger Waters me respondeu no dia seguinte. Aparentemente, seu assistente recebeu a mensagem e logo lhe avisou do que se tratava. Roger me enviou seu número de celular e fizemos algumas videochamadas. Mostrei a ele parte do material filmado e ficamos em contato, à espera de que o projeto avançasse.

Isso não foi coincidência. Roger Waters é uma pessoa extraordinária, e seu apoio foi um desses presentes que a vida oferece quando já não vemos saída, mas seguimos em frente. Ele é muito simpático e extremamente inteligente; seu conhecimento, sua clareza e sua argumentação política são surpreendentes. Se já o admirava pela música sublime e pela concepção artística única, por sua mensagem poderosa e sua natureza hiperdisruptiva, agora que o conheço um pouco o admiro ainda mais. Muito mais. Acho que, unidos por ideias anarquistas – que não significam caos e desordem, como muita gente acredita, e sim o contrário – e separados por caminhos bem diferentes, tanto Roger Waters como Noam Chomsky e Pepe Mujica são gigantes do nosso tempo. Deve haver quem não concorde comigo, mas, no meu modo de ver o mundo, eles são o músico, o intelectual e o político mais admiráveis da atualidade. E se o maior jornalista do mundo, Julian Assange, não estivesse injustamente preso – desde o dia 19 de junho de 2012, quando começou aquele escândalo do *Yo Soy 132*, o que é um paradoxo –, sem dúvida eu teria feito o impossível para reunir esses quatro cavaleiros do antiapocalipse capitalista. Ainda guardo esse sonho.

Já no início de 2022, estive prestes a fechar uma negociação com uma produtora estadunidense importante, mas que no fim das contas desistiu de apoiar o documentário e eu, no desespero, voltei a contatar Roger Waters, mas dessa vez para convidá-lo a ser o narrador. Eu tinha decidido refazer todo o projeto, escrever um novo roteiro e voltar a entrevistar Chomsky e Mujica para verificar o quanto o panorama dos últimos cinco anos havia mudado; o mundo depois da covid-19 e da invasão da Ucrânia já não era o mesmo. Roger aceitou, dizendo que seria uma honra participar como narrador, pois, embora nunca tivesse conversado com os entrevistados, tinha grande estima e respeito por ambos. Conforme me disse, os dois também eram heróis para ele. Com o ânimo renovado, fiz novas entrevistas em 2022 e 2023, com personalidades como Yanis Varoufakis, Rafael Correa, Jeremy Corbyn,

Chelsea Manning, Harry Halpin, John e Gabriel Shipton (pai e irmão de Julian Assange), entre outros. Fiz também videoconferências incríveis com Waters, Chomsky e Mujica. Confesso que há poucas coisas pelas quais eu seja tão grato quanto à oportunidade de fazer a mediação que aproximou esses gigantes e de traduzir suas palavras (Noam e Roger não falam espanhol nem Mujica fala inglês).

A essa altura, Zeus e eu continuamos focados e avançando na produção do documentário, e no *sistema de comunicação articulatória*, que é uma espécie de *rede social de usuários coletivos*, algo jamais visto e que pretende ser a antítese do modelo do Vale do Silício. Contudo, antecipo que, no documentário, não apareço nem menciono nada dessa história pessoal que aqui tento resumir, esperando que não tenha ficado longa ou maçante demais. Além de fazer uma introdução e de relatar a origem desta obra, quis expor tudo isso no início do livro porque, tal como a capa sugere, o processo que levou ao encontro de Noam Chomsky e Pepe Mujica foi uma grande viagem, e acho que faz sentido compartilhá-la, especialmente com *millenials* e *centennials*.

Por isso, para além das considerações políticas aqui compiladas, quis incluir algumas perspectivas filosóficas, que me parecem indispensáveis para superar a crise civilizacional que nós, jovens, encaramos. Entre essas perspectivas abordadas com Chomsky e Mujica ao longo desses anos (e que estão nos próximos capítulos, sobretudo nos da parte III), senti necessidade de expor o problema existencial que me trouxe até aqui e que assombra a maioria dos *millenials* e *centennials*: o vazio de perder o sentido da vida, ou seja, não ter um propósito para estar vivo. É que, conforme vamos crescendo, dar sentido à vida vai se tornando algo cada vez mais complexo, e penso que a origem desse dilema está na mais profunda contradição dos nossos tempos: o êxito capitalista não é compatível com a felicidade humana; não à toa Mujica costuma repetir que "O homem feliz não tinha camisa". Essa contradição estrutural da nossa civilização é um problema que me preocupa tanto quanto a mudança climática ou a guerra nuclear, pois a maioria dos jovens que conheço vivem com algum nível de depressão e, em muitos casos, sofrendo crises frequentes de ansiedade diante de um paradoxo que eu não poderia ter apresentado com coerência sem antes narrar essa viagem pessoal que nasceu com o *Yo Soy 132*. Esse paradoxo ou dilema existencial é que a vida não tem sentido, o sentido da vida é aquele que cada um dá a ela.

A frase anterior talvez pareça banal – suponho que quase todos já a tenham escutado ou lido sobre ela, eu mesmo a conhecia desde garoto –, mas compreender isso me custou uma longa lista de dores e fracassos, já adulto. Como disse, tive que desaprender muita coisa, e continuo a fazer isso, mas assim aprendi que quando escutamos a nós mesmos, com atenção suficiente, podemos encontrar o sentido que buscamos e de que precisamos. Assim, é indispensável informar que, quando alguém está encurralado, a única saída é para dentro. Isso quer dizer que, ao perder o rumo, cada um deve ouvir a si mesmo e confiar na escuta, mesmo que ela contradiga as normas sociais do grupo a que pertence. Acredito que, quando cada um ouve bem o seu interior, as paixões vêm à tona, e elas são uma espécie de bússola que indica o rumo da vida com o qual cada um pode se encantar. Isso é crucial, porque todos os caminhos são complexos e vão nos fazer tropeçar, mas só no encantamento se encontram forças para não desistir da jornada e levantar sempre que necessário. Então, é preciso se conhecer e estar em sintonia consigo mesmo, e agora mais do que nunca, em um mundo tão contraditório e repleto de distrações. Penso que nós, jovens, precisamos ter isto em mente e não deixar que o mundo nos diga quem somos e quanto valemos.

Mas aqui está outra chave: se o caminho ou o propósito escolhido não ajuda a construir (em maior ou menor grau) um mundo melhor e gira apenas em torno do prazer e do benefício individual, ao cumprir as metas que essa jornada impõe você se sentirá igualmente vazio, mas muito mais frustrado. Isso significa que, para não desistir, todos precisamos de uma causa maior que nós mesmos, uma causa que não desmorone conosco e que se mantenha firme quando a vida nos puser no chão. Porque cairemos ao longo da caminhada, inevitavelmente – e ainda bem, pois não há melhor professor do que o fracasso; mas, se a nossa causa for superior a nós, ela continuará de pé quando cairmos e será possível contar com ela para nos reerguermos. É para isso que serve ter na vida um propósito maior do que você mesmo, e acredito que uma vida com propósito é a única vacina para a maior pandemia do século XXI: a depressão.

Não por acaso esse problema existencial afeta a maioria dos *millennials* e *centennials* em todo o mundo, e não há previsão de que a taxa recorde de suicídios que o acompanha vá diminuir num futuro próximo, pois grande parte dos jovens de hoje vive grudada numa tela do celular, até mesmo para ir ao banheiro, e isso só constrói uma sociedade de indivíduos inseguros de si e incapazes de reservar um tempo para escutar o seu interior. Somos sistematicamente orientados a viver de fora para dentro, e não de dentro para fora, o que gera um exército de reféns de conceitos e normas sociais contraditórias que são impostas pelo exterior, diluem a essência de qualquer indivíduo e inibem sua capacidade de ser feliz.

Ao embarcar num rumo próprio e autêntico, é importante também reconhecer que muitas forças contrárias aparecerão, a começar por aqueles que não confiam em si mesmos e que não ousam ouvir seu coração e seus sonhos. Eles serão os primeiros a se sentirem ofendidos e a criticar os que têm a ousadia de se guiar pelo coração. Essas pessoas podem ser seus colegas, familiares, amigos ou seu par. Por isso é importante deixar aqueles que não têm lugar na sua vida e não acreditam em você se afastarem. Sem dúvida, aqueles que não se escutam vão taxá-lo de idealista (ingênuo), vão mandar você pôr os pés no chão e alguns vão até se regozijar com o seu fracasso, mas os sonhos mais lindos sempre nascem de dentro, e só podem ser construídos fracassando com a cabeça erguida.

E isso não deve confundir ninguém, pois dar vazão aos sonhos não é necessariamente ter ambições muito complexas: sonhar grande é simplesmente lutar pelo que seu coração manda. E como o coração de cada um é diferente e irreproduzível, cada caminho é único e extraordinário. Pessoalmente, sei que falo de uma posição privilegiada e que as nossas sociedades submetem a maioria das pessoas a obstáculos enormes, mas acredito que o maior obstáculo está instalado em cada um de nós, e esse obstáculo imaginário não distingue cor de pele, orientação sexual, nível socioeconômico ou outros fatores como esses. Por isso é fundamental atender aos nossos impulsos e ao que nos motiva – fazendo isso, pouco a pouco esse caminho vai ganhando forma, tornando-se um projeto de vida e sugerindo tarefas concretas, que, uma vez definidas, devemos perseguir com determinação e persistência radicais.

Seguir o coração é uma aventura de altos e baixos, mas penso que é o único caminho que tem sentido. No meu caso, sempre fui um sonhador apaixonado, com espírito artístico e vocação política, e conciliar esses imperativos da minha personalidade (ou essas paixões que falam ao meu coração) sempre foi e seguirá sendo um desafio complexo em um mundo como este, mas acredito que reduzir a existência aos padrões sociais impostos pelo nosso meio não é um projeto de vida digno para ninguém. Dizendo de outro modo, ser apenas um elemento de produção e consumo, com um limite de crédito bancário, é algo que, a meu ver, mata a alma de qualquer pessoa. É preciso fazer o que amamos, todos que se entregam a uma causa superior são invariavelmente convocados ao extraordinário.

Ainda tenho muito a aprender, e estou falando sobre *escutar o coração* apenas com base na minha experiência em ser um especialista em fracassar. Nas competições nacionais de atletismo e basquete, nunca fiquei em primeiro lugar; Peña Nieto foi presidente apesar do *Yo Soy 132* e, no México, a mídia continua mentindo como sempre fez; nunca consegui implementar aquele serviço de internet para regiões marginalizadas durante a minha temporada na América do Sul; estou há dez anos gastando cada centavo que ganho num sistema de *software* inspirado em Assange e não consegui terminá-lo; estou há mais de sete anos lutando para terminar o documentário e também não consegui, e assim por diante. Visto de fora, quase não tenho êxitos e meus sonhos são poucos, mas sou radicalmente fiel a eles para não voltar a me perder. Por isso, nos momentos em que começo a perder o propósito e não consigo olhar em frente, sempre me volto para dentro, converso comigo mesmo e busco me reencontrar.

Sou um simples ativista e estou longe de ter o conhecimento, as conquistas ou a experiência de Chomsky ou de Mujica, mas, com humildade, posso compartilhar que, com a morte prematura de meus pais, entendi que a vida é uma oportunidade tão valiosa quanto breve, e que o *Yo Soy 132* me mostrou que qualquer pessoa pode viver coisas excepcionais quando se entrega de coração a uma causa superior. Por isso, considero impossível desistir do desejo de uma vida extraordinária, que acolha o que meu coração me diz, e acredito que viver assim é um direito e a vocação natural de todo ser humano. Esse é o caminho do Quetzal.

Por fim – e de antemão pedindo desculpas a Chomsky por continuar chamando-o assim –, vou compartilhar duas frases que resumem o que de mais valioso aprendi com o *sábio do Norte* e com o *sábio do Sul*, que a meu ver são os valores essenciais para que a Águia e o Condor voltem a voar juntos:

"Pense por si próprio" – Noam Chomsky.

"O verdadeiro sucesso é se levantar toda vez que se cai" – Pepe Mujica.

1. NOAM CHOMSKY

Biografia

Nascido em 7 de dezembro de 1928, na Filadélfia, Estados Unidos, Avram Noam Chomsky é um dos acadêmicos mais citados e influentes da história contemporânea e, em paralelo, um dos mais icônicos ativistas e dissidentes políticos dos séculos XX e XXI. Desde 1955, após obter o doutorado, leciona no Instituto de Tecnologia de Massachusetts (MIT), onde hoje é professor emérito, e desde 2017 é professor laureado de linguística na Universidade do Arizona.

Como acadêmico, costuma ser conhecido como *o pai da linguística moderna*. Entre algumas contribuições monumentais, desenvolveu a *teoria da gramática gerativa*, a *hierarquia de Chomsky* e a *teoria da gramática universal*, obras que o colocam como autor de uma transformação radical em seu principal objeto de estudo. Ele é amplamente reconhecido como um dos precursores da revolução cognitiva no campo das humanidades e como pioneiro no desenvolvimento de uma nova estrutura científica para os estudos da mente e da linguagem. Chomsky é também uma figura importante no campo da filosofia analítica e um dos fundadores da ciência cognitiva. Seu trabalho teve grande influência em outras áreas do conhecimento, como a filosofia, a psicologia, a ciência da computação, a matemática, a pedagogia, a antropologia, a história e a ciência política.

Durante sua prolífica carreira, escreveu mais de 150 livros, e sua genialidade intelectual lhe rendeu vários títulos honorários de instituições como a Universidade Columbia, a Universidade Harvard, a Universidade de Cambridge, a Universidade Nacional Autônoma do México, a Universidade de Massachusetts, a Universidade de Déli, a Universidade de Londres, a Universidade de Georgetown, a Universidade de

Chicago, a Universidade de Western Ontario, a Faculdade Swarthmore, a Universidade Loyola de Chicago, a Faculdade Bard, a Universidade de Buenos Aires, a Universidade de Calcutá, a Faculdade Amherst, a Universidade de Toronto, a Universidade Nacional da Colômbia, a Universidade McGill, a Universidade Rovira I Virgili/Tarragona (Espanha), a Universidade de Connecticut, a Universidade da Pensilvânia, a Escola Normal Superior de Pisa, entre outras. Além de integrar diversas sociedades profissionais e acadêmicas nos Estados Unidos (como a Academia Estadunidense de Artes e Ciências e a Academia Nacional de Ciências), e no exterior, recebeu o prêmio da Associação Estadunidense de Psicologia (APA) por suas distintas contribuições científicas na área, o Prêmio Kyoto em Ciências Básicas, a Medalha Helmholtz, o Prêmio da Paz Dorothy Eldridge, a Medalha Ben Franklin em Ciência da Computação e Ciência Cognitiva, entre outros.

Ideologicamente, Chomsky descreve sua orientação política como anarquista – mais especificamente, como anarcossindicalista – e se alinha com a corrente do socialismo libertário, crítico do marxismo ortodoxo e do leninismo. Com uma longa trajetória como ativista, iniciada na juventude, arriscou sua brilhante carreira acadêmica e foi preso diversas vezes por seu ativismo. Inclusive, quase teve que enfrentar uma longa pena prisional, mas, no último minuto, seu julgamento foi cancelado, devido à comoção política e midiática gerada. Como um dos primeiros intelectuais a se opor de maneira ferrenha à Guerra do Vietnã, foi incluído na lista de adversários do presidente Richard Nixon e, em diferentes fases da vida, foi também alvo de hostilidades diretas por parte do Estado de Israel, devido ao seu apoio permanente aos direitos do povo palestino.

Chomsky continua sendo um dos principais críticos da política externa dos Estados Unidos e do seu contínuo intervencionismo militar no mundo inteiro, do capitalismo estatal contemporâneo e dos meios de comunicação de massa, que, conforme afirma, "fabricam consentimento" em benefício do capitalismo e dos poderes políticos que o sustentam. Chomsky e suas ideias influenciam globalmente os movimentos anticapitalistas e anti-imperialistas. Sua incrível biografia eleva o conceito de "intelectual" e a responsabilidade que esse status envolve. Após se aposentar no MIT, continuou seu ativismo político – que sempre se distinguiu por ser implacavelmente honesto, explícito e impossível de intimidar –, incluindo a oposição à invasão do Iraque em 2003 e o apoio ao movimento Occupy Wall Street, bem como muitas outras causas pela liberdade e justiça social em todo o mundo.

Saiu no jornal *The New York Times* uma vez: "Em termos de poder, alcance, novidade e influência, Noam Chomsky é provavelmente o mais importante intelectual vivo hoje", e tal avaliação ainda é válida. Porém, esse professor universitário é muito mais do que isso. Noam Chomsky não é só um intelectual revolucionário; é também um revolucionário intelectual, porque, assim como revolucionou o campo acadêmico que decidiu explorar, foi também um líder intelectual icônico e aguerrido da esquerda mundial no combate político ativo da segunda metade do século XX e do século XXI. A sua inabalável dedicação a expor injustiças e a desafiar o *status quo* lhe valeu um lugar entre as figuras mais influentes do mundo durante décadas, e ele continua sendo uma inspiração para todos que ousam questionar o poder e que procuram um mundo mais justo e equitativo.

Apresentação

Sou Noam Chomsky, professor emérito do Instituto de Tecnologia de Massachusetts e agora professor da Universidade do Arizona. Escrevi meu primeiro artigo na quarta série. Lembro-me da data com facilidade, porque o tema era a tomada de Barcelona pelas tropas de Franco. Tenho certeza de que não era um texto memorável, espero que tenha desaparecido [diz ele, rindo], mas se referia à expansão do fascismo na Europa – Áustria, Tchecoslováquia, Toledo, Barcelona –, que era percebido como o fim de qualquer esperança de liberdade na Espanha e parecia ser um avanço inexorável do real terror daquela época, 1939. Daí em diante, nunca mais parei.

Eu era aficionado por livros. Durante a adolescência, passava muito tempo lendo e estava envolvido em vários tipos de ativismo de esquerda, em grande parte relacionado ao que era então o movimento sionista, mas de um lado do movimento que se opunha à criação de um Estado Judeu. O Estado Judeu foi um erro e, uma vez estabelecido, tornou-se um Estado como qualquer outro. Na esquerda, éramos a favor da cooperação da classe trabalhadora judaica e do impulsionamento da comunidade palestina – isso fazia parte do movimento sionista daquela época, por mais que hoje seja difícil de acreditar. Eu participava desses movimentos e da política em geral; essas eram as minhas principais atividades, além de estudar, estar com amigos e coisas assim. Naquele tempo, era incomum frequentar uma universidade que não fosse na sua região; você morava e trabalhava perto de casa e estudava na universidade local, então foi isso que fiz aos 16 anos. Não gostei muito da nossa universidade, eu a teria abandonado, mas cheguei às disciplinas de pós-graduação, e foi a partir daí que desenvolvi uma carreira um tanto peculiar, sempre envolvido em alguns tipos de ativismo político.

Minhas primeiras influências políticas vieram do meu círculo familiar; não da minha família imediata, mas da minha família estendida. Cresci num ambiente fortemente judaico; laico, mas judaico. Havia, na maioria, imigrantes judeus da primeira geração, muitos deles da classe trabalhadora desempregados, alguns do Partido Comunista e outros anticomunistas de esquerda – o que significa que eram, dentro da esquerda, críticos ao comunismo. Eu morava na Filadélfia, a 160 quilômetros de Nova York, e quando tive idade suficiente para fazer as coisas por minha conta, por volta dos 12 anos, meus pais me deixaram ir sozinho para Nova York e ficar com meus parentes. Passava meu tempo em livrarias anarquistas, pequenas livrarias cheias de imigrantes europeus de esquerda, muitos vindos da Espanha. Conseguia muito material sobre a Guerra Civil Espanhola e algumas outras coisas de literatura anarquista. Também fui influenciado por algumas pessoas mais velhas, especialmente por um tio que esteve envolvido em várias atividades radicais.

Noam visto por Pepe*

Li coisas sobre ele em tudo quanto é canto ao longo dos anos. Sempre me pareceu alguém muito interessante. Comecei a me lembrar de coisas da época da Guerra do Vietnã. Ele pertencia àquele punhado de intelectuais que acabaram por vencer a guerra, porque os Estados Unidos a perderam internamente, pelo custo que representou. E a verdade é que por toda a minha vida fui bastante libertário (no sentido clássico do termo, não de acordo com a concepção anarcocapitalista estadunidense); encaixo-me perfeitamente na sua maneira de pensar.

[...]

É uma honra que esse homem venha ao Uruguai. Atualmente, ele é o maluco mais genial que resta, porque esse mundo está cheio de gente sensata demais [diz ele, rindo]. E o que ele nos deu de melhor em todos esses anos foi a sua luta para manter a liberdade mais difícil que existe: a liberdade de pensamento. É a coisa mais difícil de sustentar nos nossos tempos.

[...]

[Querido Noam Chomsky,]

Agradeço à vida por tê-lo conhecido. Talvez sua longa semeadura tenha nos ajudado a sustentar a mais difícil e comprometedora das

* Discurso de José Pepe Mujica na apresentação da conferência "Perspectivas de sobrevivência", proferida por Noam Chomsky em 18 de julho de 2017, no Salão Azul da Prefeitura Municipal de Montevidéu (Uruguai).

liberdades, me refiro à liberdade de pensamento. Agradeço a sorte de ser uma espécie de humilde trampolim para que o mundo dos jovens e o mundo intelectual uruguaio possam conhecê-lo e atestar o afeto presente na quantidade de coisas que você semeou. Não há futuro sem intelectuais comprometidos.

Sei que o compromisso está nas ruas e nas proezas do povo. A luta pela liberdade nunca acaba, porque a dor e o egoísmo se instalam em todos os caminhos. Mas a cada amanhecer renasce a cooperação e a solidariedade, nesse vórtice sem fim que chamamos de *civilização*.

Querido Chomsky, a América Latina, rica de um jeito pobre, continua fragmentada em países, sem poder construir sua nação. Ela é de cor, é mestiça, tem sangue aborígine, africano e mediterrâneo; é uma síntese do refúgio, do esmagamento, da escravidão. E, no entanto, tendo nascido tarde, ela tenta lutar para oferecer esperança a toda a humanidade. Nós, uruguaios, somos gigantes, gigantes pela nossa pequenez. Lutamos pelo desenvolvimento, mas não queremos pagar com a felicidade. Nossa maior riqueza é o milagre de estarmos vivos neste pequeno e belo recanto, e juramos tacitamente honrar a vida sem fanatismos e com tolerância.

Querido amigo, obrigado por estar conosco.

2. PEPE MUJICA

Biografia

José Alberto Mujica Cordano, mais conhecido como *Pepe*, é um floricultor, ex-guerrilheiro e político de esquerda, nascido no Uruguai em 20 de maio de 1935, no bairro Paso de la Arena, na cidade de Montevidéu. Foi presidente da República entre 2010 e 2015, e é conhecido internacionalmente por sua honestidade intelectual, sua filosofia pessoal e seu modo de vida austero, características que lhe valeram apelidos famosos, como o de *presidente mais pobre do mundo* e *o sábio do sul*. Com uma biografia impressionante e uma longa coleção de discursos repletos de perspicácia, franqueza, profundidade e beleza, hoje é difícil imaginar um político mais querido no mundo do que Pepe Mujica.

De ascendência basca e italiana e nascido em uma família humilde, perdeu o pai quando tinha 6 anos e, por isso, desde cedo se dedicou ao cultivo e à venda de flores, atividade que se tornou o sustento da família. Cursou o primeiro e o segundo graus na escola pública do bairro onde nasceu e depois ingressou na faculdade de direito, que não concluiu.

Em 1956, iniciou sua militância no Partido Nacional, do qual foi secretário-geral da juventude. Deixou o partido em 1962 para participar da fundação da União Popular. Mas, nessa mesma década, confrontado com um panorama político sombrio, assolado pela violência e pelo autoritarismo do governo, Mujica se juntou à guerrilha urbana conhecida como Movimento de Libertação Nacional – Tupamaros (MLN-T), e caiu na clandestinidade.

Durante sua atividade guerrilheira, foi baleado seis vezes e acabou detido no presídio de Punta Carretas, em Montevidéu. Escapou, foi preso novamente e participou de uma segunda fuga, que foi registrada como uma das maiores evasões carcerárias da história. No total, foi preso quatro vezes, tendo sido brutalmente torturado física e psicologicamente, e passou quase quinze anos de sua vida encarcerado. Seu último período de detenção foi de 1972 a 1985, no qual sofreu duras condições de vida, incluindo um terrível isolamento, que, nas suas palavras, quase o levaram à loucura e à morte.

Em 1985, terminada a ditadura, foi libertado e, junto com integrantes do MLN-T e de outros partidos de esquerda, criou o Movimento de Participação Popular (MPP), dentro da coalizão política denominada Frente Ampla. Em 1994, Mujica foi eleito deputado por Montevidéu e, nas eleições de 1999, senador. Nas eleições de 2004, seu movimento se consolidou como a principal força no partido do governo e, em março de 2005, Mujica foi nomeado ministro da Pecuária, Agricultura e Pesca. Em 29 de novembro de 2009, foi eleito presidente da República Oriental do Uruguai, com mais de 52% dos votos, e prestou o juramento em 1º de março de 2010, quando tomou posse no Palácio Legislativo. O juramento foi tomado por sua esposa, Lucía Topolansky, por ter sido a senadora mais votada do partido mais votado. Ela também foi integrante de destaque da guerrilha, tendo vivido longos anos na prisão e sofrido torturas brutais.

Durante 2013, o jornal *The Economist* declarou o Uruguai o país do ano, avaliando como admiráveis as duas reformas liberais mais radicais que haviam sido recentemente implementadas por Mujica: a regulamentação da produção, da venda e do consumo de *Cannabis*, e a legalização do casamento igualitário. Terminado o mandato, Mujica foi reeleito senador para os mandatos 2015–2020 e 2020–2025, mas, em 20 de outubro de 2020, renunciou ao cargo devido à pandemia de covid-19 e também à sua idade avançada.

Há décadas, Mujica e sua esposa, Lucía, vivem em condições bem modestas, em um sítio na região de Rincón del Cerro, onde se dedicam ao cultivo de flores. Eles não deixaram de morar nessa residência nem mesmo quando Mujica foi presidente. Nesse período, ele doava 90% de sua remuneração e sempre comprava passagens de segunda classe em suas viagens oficiais. Seu patrimônio inclui o sítio na periferia rural de Montevidéu e um Fusca 1987, avaliado em US$ 1.800. Embora, na Presidência,

Mujica tenha abandonado seu característico vestuário informal e em ocasiões importantes usasse terno feito sob medida, nunca usou gravata.

Figura icônica da esquerda, admirado e respeitado até mesmo por setores da direita no mundo inteiro, Pepe Mujica é uma personalidade disruptiva e coerente, que mostrou existir uma forma diferente de fazer política.

Apresentação

Sou um sujeito de muita sorte. A morte andou me rondando muitas vezes, mas não quis me levar, me deu tempo. Hoje tenho 82 anos. Quando era jovem, tinha o defeito de todos os jovens [diz, sorrindo]: me apaixonei algumas vezes, quis mudar o mundo, tive alguns problemas, fui parar na prisão, levei tiros, fugi duas vezes; por fim, segui em frente. Mais tarde, no fim da ditadura, decidimos mudar, porque o povo uruguaio só podia fazer isso. Nós nos voltamos para a militância legal e começamos a avançar, aceitando as regras da democracia liberal. Fui deputado, depois senador, ministro, presidente, e agora estamos nesta etapa, nos despedindo. Meu nome é José Mujica e, como todo José, meu apelido é Pepe. Meus antepassados são de um canto do País Basco. Minha família materna veio da Ligúria, eram camponeses italianos. Nasci num bairro de chácaras, um pouco da cidade e um pouco do campo. Amo a terra, sou um camponês, um bicho do mato. Amo muito a natureza. Cultivo a sobriedade filosoficamente e sou, provavelmente, uma espécie de neoestoico.

Pepe visto por Noam

SAÚL ALVÍDREZ. O que você sabia sobre Pepe Mujica antes de conhecê-lo?

NOAM CHOMSKY. Tinha lido muito a respeito dele, sabia sobre sua carreira de destaque e de suas realizações. Também sabia do admirável estilo de vida que assumiu quando chegou à Presidência e do que fez como presidente e como senador.

SAÚL. O que lhe parece ser mais admirável ou o que mais se destaca em Mujica?

NOAM. Algo a considerar é que ele não participou da corrupção que é tão dominante não só na América Latina, mas no mundo todo, embora aqui tenha uma dimensão particular. E sempre levou uma vida simples, honesta e comprometida com o trabalho em benefício das pessoas, algo que é bastante incomum em um líder político. É dificílimo encontrar alguém assim.

SAÚL. Qual a sua opinião sobre alguém que segue o caminho da guerrilha? Como os *tupamaros*, por exemplo. Qual a sua opinião sobre quem escolhe participar desse tipo de luta?

NOAM. É possível entender as razões para alguém embarcar em uma iniciativa desse tipo naquele momento. Acho que foi... O que de mais amigável se pode dizer, já que coisas piores podem ser ditas, é que foi um mau julgamento. Não acho que essa [a via armada] seja a maneira de alcançar uma mudança significativa e transcendente na sociedade. [Pepe] Sofreu muitíssimo, foi tratado de forma terrível durante todos os anos em que esteve preso, e nada disso deveria ser tolerado em nenhuma parte do mundo civilizado. É incrível que ele tenha suportado e, além disso, emergido como um ser humano tão honrado e admirável.

[...]

Acho que [Pepe] é a figura política mais cativante e importante do mundo de hoje.

II.

COMO CHEGAMOS ATÉ AQUI?

3. PERSPECTIVAS DE SOBREVIVÊNCIA*

NOAM. Querendo ou não, estamos vivendo o período mais extraordinário da história da humanidade. Nos últimos anos, os seres humanos construíram duas enormes marretas prontas para nos destruir, junto com outras que aguardam nos bastidores. Para além dessas "conquistas", as forças dominantes na sociedade global instituíram políticas que corroem sistematicamente as linhas de defesa contra a autodestruição. Em suma, **a inteligência humana criou uma desgraça perfeita e, se assim continuar, é pouco provável que a nossa espécie sobreviva por muito tempo.**

Parece que a humanidade se dedicou a comprovar uma tese sombria formulada por um dos principais biólogos modernos, o falecido Ernst Mayr. Ele vinha estudando a possibilidade de encontrar vida inteligente em outras partes do universo e concluiu que as probabilidades eram pequenas; seus sólidos argumentos se baseavam sobretudo na nossa situação atual. Ele observou que temos como referência apenas uma amostra, o planeta Terra, onde já existiram cerca de 15 bilhões de espécies, por isso temos provas consideráveis do que contribui para o sucesso biológico. Mayr mostrou que as provas são inequívocas: os organismos mais bem-sucedidos são aqueles capazes de sofrer mutações rápidas, como as bactérias, ou aqueles que têm um nicho fixo e cuidam dele aconteça o que acontecer, como os besouros. Portanto, é provável

---

* Texto extraído da conferência "Perspectivas de sobrevivência", apresentada por Noam Chomsky, em 18 de julho de 2017, no Salão Azul da Prefeitura de Montevidéu (Uruguai). [A conferência aconteceu durante o governo de Donald Trump. (*N. E.*)]

que bactérias e besouros sobrevivam àqueles que não mudam conforme o ambiente em que estão.

À medida que avançamos na escala do que denominamos *inteligência*, as perspectivas de sobrevivência vão se reduzindo e, quando chegamos aos mamíferos, a redução é ainda mais drástica. Os primatas são muito poucos, os humanos também. Até apenas centenas de anos atrás, eram uma espécie escassa, muito reduzida, e o recente crescimento exponencial que a humanidade tem experimentado é uma anomalia estatística de pouca relevância na linha do tempo. Assim, **Mayr conclui: "A história da vida na Terra refuta a teoria de que é melhor ser inteligente do que estúpido."** Em outras palavras, o que chamamos *inteligência* é provavelmente uma mutação letal. Mayr acrescenta ainda que a expectativa de vida das espécies na Terra é, em média, de 100 mil anos. Os humanos modernos surgiram há cerca de 200 mil anos e, agora, como espécie, estão se esforçando para comprovar a tese de Mayr, mostrando que talvez já tenhamos ultrapassado o tempo que nos foi concedido para viver neste planeta.

Esse esforço suicida está presente desde o final da Segunda Guerra Mundial, quando foram criadas duas ameaças iminentes à sobrevivência, junto com a erosão sistemática dos meios de defesa. **Os dois desafios assombrosos que a espécie humana enfrenta para uma sobrevivência digna são, é claro, as armas nucleares e a catástrofe ambiental. E a melhor defesa contra um desastre derradeiro seria uma democracia funcional**, na qual cidadãos informados e comprometidos se unissem para desenvolver meios capazes de superar as ameaças, como de fato é possível fazer.

A formulação de políticas no contexto do neoliberalismo aumentou demais essas ameaças: por razões bem estabelecidas, os princípios neoliberais impedem a participação popular na formulação de outras políticas e soluções; muitas vezes até tentam garantir que as decisões tomadas pelas elites passem despercebidas pela maioria da população.

Essas políticas concentraram a riqueza em poucas mãos – de forma esmagadora –, e a consequência automática foi a centralização do poder político e o solapamento das instituições que poderiam atender à vontade pública. As políticas neoliberais foram projetadas para corroer a autêntica democracia. O ataque contra um sistema regulatório eficaz e capaz de mitigar as ameaças também está associado à erosão da democracia. Vemos tudo isso ocorrer agora, de forma dramática, no país mais poderoso da história, os Estados Unidos – os "líderes do Mundo Livre" –, mas as raízes são profundas.

Tentarei reunir aqui vários fios da história recente que, penso, se entrelaçam, para mostrar que a visão perfeita do desastre é absolutamente verossímil. O fim da Segunda Guerra Mundial foi uma das datas mais importantes da história da humanidade. Foi um momento de alegria, mas também de horror, com o despontar da era nuclear – uma era impactada pela percepção sombria de que a inteligência humana havia criado os meios para a destruição irreversível da própria espécie.

Embora não se tenha compreendido isso à época, **o fim da Segunda Guerra Mundial também marcou o começo de outra era geológica, que ameaça a existência humana organizada: o Antropoceno**, uma era em que a atividade humana está alterando o meio ambiente de forma dramática. A data de início do Antropoceno ainda é tema de debate, mas a Sociedade Geológica Mundial a fixou em 1950, em parte devido aos elementos radioativos espalhados no planeta pelos testes nucleares, mas também devido a outras consequências da ação humana, como o aumento expressivo das emissões de gases de efeito estufa. Portanto, a era nuclear e o Antropoceno coincidem.

Um índice da gravidade e da iminência da crise é fornecido graficamente pelo famoso Relógio do Juízo Final, criado pela organização Boletim dos Cientistas Atômicos, da Universidade de Chicago, que reúne periodicamente cientistas e analistas políticos para avaliar a situação do mundo e determinar o quão perto estamos do derradeiro desastre, representado pela meia-noite no relógio. Em 1947, considerou-se que estávamos a sete minutos da meia-noite; em 1953, estávamos a dois minutos dessa marca quando a URSS testou a bomba de hidrogênio e, depois, os Estados Unidos produziram uma explosão muito maior – um sinal explícito do desastre iminente. Desde então, o relógio que marca meia-noite tem oscilado. Na década de 1980, havia um medo enorme de uma nova guerra mundial, o que perigosamente nos aproximou da meia-noite; em 2015 e 2016, faltavam três minutos, por duas razões: a ameaça crescente de uma guerra nuclear e o fracasso no enfrentamento das mudanças climáticas, o que antes não tinha sido considerado. Nas palavras desse grupo de especialistas: "A probabilidade de uma catástrofe global é muito alta, e as ações necessárias para reduzir os riscos de desastres devem ser tomadas logo." Isso foi dito em 2016.

No início do mandato de Trump, os analistas acertaram o relógio, aproximando o ponteiro da meia-noite. A razão, segundo eles, é que descobriram que "o perigo [era] ainda maior, e a necessidade de agir, ainda mais urgente". Agora faltam dois minutos e meio para a meia-noite,* de modo que o perigo global é iminente. Isso é o mais próximo que estivemos de um desastre terminal desde 1953, quando os Estados Unidos e a União Soviética testaram bombas de hidrogênio. Vale a pena prestar atenção nessa passada de raspão no desastre completo, que nos diz muito sobre a formulação de políticas e a verdadeira natureza da atual ordem mundial.

Essa ameaça de autodestruição era evitável? Que esforços foram feitos nesse sentido? A pergunta é óbvia, e a resposta, surpreendente, está repleta de lições sombrias para os dias de hoje. Se voltarmos a 1950, fica claro que os Estados Unidos estavam numa posição muito segura: controlavam todo o hemisfério e dois oceanos, tinham a esmagadora superioridade econômica e militar e, em grande medida, controlavam os principais países industrializados – que ficaram duramente enfraquecidos

* Atualmente, faltam 90 segundos.

ou quase destruídos pela Segunda Guerra Mundial, enquanto a economia estadunidense prosperava. A produção industrial quase quadruplicou, preparando as bases para a rápida expansão do pós-guerra. Na verdade, embora os Estados Unidos tivessem sido, durante muito tempo, a maior economia do mundo, com vantagens exclusivas, o país não tinha sido um agente importante nos assuntos mundiais, e sim cedido esse papel à Grã-Bretanha e à França. Mas a guerra deixou os Estados Unidos numa posição de poder sem precedentes. Ainda que fosse um país muito forte, lá havia uma ameaça potencial: mísseis balísticos intercontinentais que teriam ogivas nucleares – eles ainda não existiam, mas estavam a ponto de existir.

Há um estudo acadêmico sobre decisões e planejamentos relacionados às armas nucleares, desenvolvido por Bundy, que foi conselheiro de segurança nacional de Kennedy e Johnson. Ele era muito respeitado na época e, por isso, tinha total acesso aos documentos de segurança nacional. Dizia o seguinte: "Não tenho conhecimento de nenhuma proposta contemporânea séria, dentro ou fora de qualquer governo, segundo a qual os mísseis balísticos devam ser proibidos de alguma forma, mediante um acordo." Essa frase merece ser lida de novo. A meu ver, é uma das declarações mais notáveis e reveladoras da história acadêmica. Ela dá a entender que não se pensou em evitar a única ameaça séria para os Estados Unidos, a ameaça de destruição total. A segurança da população é uma preocupação secundária, mesmo a segurança contra a destruição instantânea. Pelo contrário, prevaleceram os imperativos institucionais do poder estatal. Além disso, as vítimas potenciais – a população – ficaram completamente no escuro, e ainda estão.

Embora tudo isso seja público, em geral é desconhecido, mesmo no meio acadêmico. Então, quais são as chances de se chegar a um acordo que evite essa ameaça irreversível para os Estados Unidos? Não podemos ter certeza, porque as oportunidades mais evidentes foram ignoradas. Em março de 1952, Stálin fez uma proposta importante; se dispôs a aceitar a unificação da Alemanha com uma só condição: que a Alemanha não entrasse para a OTAN [Organização do Tratado do Atlântico Norte], uma aliança militar que considerava hostil à URSS. Stálin deixou aberta a possibilidade de eleições na Alemanha, que o Ocidente claramente venceria, e isso teria posto fim à Guerra Fria, à ameaça de conflito e à ameaça do desastre. Na verdade, houve um respeitável analista político que, na época, discutiu a proposta de Stálin: James Warburg, que publicou um livro importante sobre o assunto, intitulado *Germany, Key to Peace* [Alemanha, a chave para a paz]. No livro, ele basicamente ridiculariza a proposta de Stálin, dizendo que não deveria ser levada a sério e, de fato, não foi adiante. Além do mais, qualquer pessoa que mencionasse aquilo nos anos seguintes era imediatamente dispensada e insultada. Eu fiz isso, e foi o que me aconteceu. Warburg respondeu: "Como se pode levar algo assim a sério?"

Recentemente, foram revelados alguns arquivos russos e descobriu-se que a proposta era, sim, bastante séria. Adam Ulam, um acadêmico de Harvard, amargamente anticomunista soviético, considerou a natureza da proposta de Stálin "um mistério não resolvido". Ele escreveu que Washington "dispensou pouco esforço em rejeitar inteiramente a iniciativa de Moscou", alegando que a proposta stalinista "era embaraçosa de tão pouco convincente", deixando em aberto a pergunta básica: mesmo que ela pudesse ter tido enormes consequências para a paz mundial e para a segurança estadunidense, Stálin estava realmente disposto a sacrificar a recém-criada República Democrática Alemã no altar da democracia?

Bem, um dos principais estudiosos da Guerra Fria, Melvyn Leffler, escreve que os pesquisadores que estudaram os arquivos soviéticos abertos ficaram surpresos ao descobrir que "[Lavrenti] Beria, o chefe sinistro e brutal da polícia secreta, propôs que o Kremlin oferecesse ao Ocidente um acordo sobre a unificação e a neutralização da Alemanha", que incluía "sacrificar o regime comunista da Alemanha Oriental para reduzir as tensões Leste-Oeste" e melhorar as condições políticas e econômicas internas na Rússia, oportunidades que foram desperdiçadas em favor de garantir a participação alemã na OTAN. Era realmente essa a vontade da URSS naquela época? Não podemos ter certeza disso, claro. Mas podemos, sim, ter certeza de que, no Ocidente, o que importava era a hegemonia global, e não a segurança da população, que era e continua sendo uma massa considerada irrelevante, deliberadamente, mantida na obscuridade informativa. Essa é uma das lições mais duras e consistentes da formação de políticas públicas.

Portanto, fala-se muito sobre segurança, e não em referência à segurança da população – que é, no máximo, uma preocupação superficial –, mas sim à segurança dos sistemas de poder estatal e privado. O tema é muito amplo para ser visto em detalhe, mas avancemos mais alguns anos, para as décadas de 1950 e 1960, que são reveladoras e relevantes para os tempos atuais.

Depois de Stálin, Nikita Khrushchev assumiu o poder, comprometido com o desenvolvimento econômico e social soviético, que estava muito atrás do estadunidense. Khrushchev sabia muito bem que esse desenvolvimento seria impossível no contexto de uma corrida armamentista e, por isso, propôs que tanto os Estados Unidos quanto a URSS reduzissem substancialmente as armas de ataque. Embora não tenha recebido qualquer resposta dos Estados Unidos, a URSS procedeu de forma unilateral e reduziu seu armamento de maneira considerável. Mais tarde, o governo Kennedy considerou a proposta de Khrushchev, mas reagiu na direção oposta. Citarei Kenneth Waltz, um dos mais respeitados pesquisadores de relações internacionais da época: "[A administração Kennedy] empreendeu a maior armazenagem militar estratégica e convencional jamais vista em tempos de paz, mesmo quando Khrushchev estava tentando efetivar uma redução expressiva de armamentos convencionais e seguir uma estratégia de dissuasão mínima, embora o equilíbrio de armas estratégicas favorecesse muito os Estados Unidos."

Essa foi a resposta de Kennedy e, obviamente, houve uma reação da URSS: Khrushchev enviou mísseis a Cuba, para tentar compensar um pouco o desequilíbrio estratégico, que foi alavancado pelo imenso reforço militar de Kennedy. Outro motivo foi defender Cuba da campanha terrorista e assassina de Kennedy contra a ilha, que culminaria na presumível invasão estadunidense em outubro de 1962, ano em que os mísseis foram enviados a Cuba. E o que veio em seguida quase causou o derradeiro desastre da humanidade.

O que vemos é que, mais uma vez, essas decisões prejudicaram gravemente a segurança nacional dos EUA, ao mesmo tempo que aumentaram o poder do Estado. O que aconteceu ficou escondido por trás da retórica entusiástica dos anos de Camelot. Essa é a principal responsabilidade dos intelectuais liberais que ocultaram essa parte da história. **A principal conclusão é que a segurança da população é uma preocupação menor, e isso ocorre até os dias de hoje.** Quando pesquisamos a política internacional e as decisões governamentais, descobrimos, com frequência, que existem alternativas pacíficas que poderiam muito bem evitar o desastre, mas que são constantemente descartadas.

Não há tempo para examinar os documentos, mas passemos para algo mais atual. Hoje nos dizem que o grande desafio mundial é fazer a Coreia do Norte interromper seus programas nucleares e de mísseis.* Sugerem que recorramos a mais sanções, guerra cibernética, intimidação e também instalação de um sistema antimísseis – algo que a China considera uma ameaça grave –; talvez até um ataque direto à Coreia do Norte, o que teria consequências horríveis. Contudo, há outra alternativa sendo ignorada: aceitar a oferta da Coreia do Norte, que se dispõe a fazer exatamente o que os Estados Unidos exigem. A China e a Coreia do Norte propuseram que a Coreia do Norte suspendesse os

* Atualmente [em 2023], a ameaça mais urgente parece ser a China.

programas nucleares e de mísseis, e as razões são muito semelhantes às de Khrushchev. Os líderes norte-coreanos buscam o desenvolvimento econômico, e compreendem que não podem obter muito progresso enquanto enfrentam a carga avassaladora da produção militar e do bloqueio comercial.

A proposta norte-coreana foi imediatamente rejeitada por Washington, tal como havia acontecido dois anos antes pelo governo Obama – da mesma forma que a proposta de Khrushchev foi rejeitada por Kennedy. O motivo da rejeição instantânea é que a proposta sino-norte-coreana tem um *quid pro quo*: solicita que os Estados Unidos ponham fim aos seus ameaçadores exercícios militares nas fronteiras da Coreia do Norte, inclusive aos ataques simulados de bombas nucleares pelos B-52 enviados por Trump nos últimos meses. Essa proposta não é irracional. Os norte-coreanos se lembram de que seu país foi literalmente devastado pelos bombardeios estadunidenses, assim como se lembram das alegres reportagens nos jornais militares dos EUA sobre o bombardeio de grandes barragens quando não havia mais alvos – o que é um crime de guerra evidente – e do entusiasmo com o espetáculo emocionante de uma grande inundação que destruiu as plantações de arroz, das quais os camponeses dependiam para sobreviver.

Vale a pena reler todos esses documentos oficiais, porque são uma parte acessível da memória histórica. A proposta sino-norte-coreana poderia preparar o terreno para negociações mais amplas, a fim de reduzir radicalmente as ameaças e, talvez, até pôr fim à crise. Na contramão dos muitos comentários fervorosos, há razões para pensar que as negociações poderiam ter tido êxito, como revelam os documentos. No entanto, essas propostas são rotineiramente rejeitadas, com o objetivo de assegurar o poder do Estado.

Vejamos então mais a fundo como estamos indo adiante com nossa verificação da tese de Mayr. Isto é, o que estamos fazendo para validar sua teoria sobre a inteligência? Em março do ano passado [2016], o Boletim dos Cientistas Atômicos divulgou um relatório detalhado sobre o vasto programa de modernização nuclear, iniciado pelo presidente Obama e depois comandado por Trump. O relatório analisa como a modernização da força nuclear dos Estados Unidos está minando a estabilidade estratégica da qual a sua sobrevivência depende, e hoje esse equilíbrio é muito frágil. Os atuais programas de modernização incluem "novas tecnologias revolucionárias que aumentarão em demasia a capacidade de direcionamento do arsenal de mísseis balísticos dos Estados Unidos. Esse aumento é assombroso; quase triplica o poder destruidor da força de mísseis balísticos do país e cria exatamente o que se esperaria ver caso um Estado com armas nucleares planejasse ter a capacidade de lutar e vencer uma guerra nuclear desarmando os inimigos com um primeiro ataque-surpresa". Tudo isto tem "um impacto revolucionário na capacidade militar e implicações importantes para a segurança global".

E, sim, as implicações são muito claras. Portanto, em um momento de crise – que, infelizmente, é bem provável que ocorra –, os líderes russos podem se sentir tentados a empreender um ataque preventivo só para garantir a própria sobrevivência; um ato que poria fim à vida humana na Terra. Mais uma vez: é possível uma via diplomática? Parece que sim. Está sendo posta em prática?* Se sim, não é perceptível. Tudo isso continua sendo relevante para a tese de Mayr.

Com relação à segunda ameaça existencial, o aquecimento global, qualquer pessoa com os olhos abertos deve ter consciência de que os perigos são graves e iminentes. Como reagimos?

Enquanto o país mais rico e poderoso da história lidera os esforços para aumentar as chances de um desastre ambiental, **os esforços para evitar a catástrofe ecológica estão sendo liderados, no mundo todo, pelas chamadas *sociedades primevas*: as primeiras nações, comunidades tribais, aborígenes.** Não muito longe daqui, o Equador, com

* No momento atual [em 2023], a ameaça é representada pela guerra da Ucrânia.

grande população indígena, procurou ajuda de países europeus ricos para manter suas reservas de petróleo debaixo da terra, onde deveriam estar. A Europa negou a ajuda. O Equador também modificou sua Constituição em 2008 para incluir os "direitos da natureza" como portadores de "valor intrínseco". O mesmo aconteceu na Bolívia, de maioria indígena. Em geral, os países com populações indígenas expressivas e influentes estão na vanguarda dos movimentos pela preservação do planeta. Por outro lado, os países que levaram as populações indígenas à extinção, ou à extrema marginalização, estão comprometidos com a destruição total. Talvez isso seja algo para pensar.

Não deveria ser necessário mencionar os terríveis relatórios sobre ameaças ambientais constantemente apresentados em revistas científicas, que só de vez em quando chegam à grande mídia. Enquanto isso, a avalanche de destruição republicana não para de desmantelar as estruturas que oferecem esperança de sobrevivência decente. A Agência de Proteção Ambiental dos Estados Unidos, criada por Richard Nixon – o último presidente liberal –, está praticamente sendo desmantelada, mas mais importante ainda é o que ocorre no Departamento de Energia: está previsto que o seu Gabinete de Ciência perderá US$ 900 milhões, quase 20% do seu orçamento. Inclusive, é proibida qualquer menção às mudanças climáticas e, simultaneamente, as regulamentações estão ruindo. Tudo o que é possível é feito para maximizar o uso de combustíveis fósseis, incluindo os mais destrutivos, como o carvão.

Portanto, a questão não se resume a Trump e às eleições primárias; existe um consenso virtual entre os líderes do Partido Republicano em relação a isso, algo que ficou evidente nas primárias republicanas do último outono: 100% dos candidatos republicanos negam as mudanças climáticas ou as reconhecem, mas não propõem nenhuma medida a respeito. Esse consenso republicano também não foi questionado pela mídia, que foi cúmplice. De fato, um estudo a respeito de entrevistas e conferências de imprensa com Trump, desde que ele assumiu o cargo em 20 de janeiro de 2017,* detectou que nem uma única pergunta sobre mudança climática havia sido feita a ele – que, afinal, ocupa a posição política mais importante –, o que sem dúvida aumenta essa ameaça existencial.

A ameaça é muito séria. Até mesmo um aumento do nível do mar menor do que o esperado inundará cidades e territórios costeiros. É o caso de Bangladesh, de onde 10 milhões de pessoas terão que fugir num futuro próximo, e muitas outras posteriormente. **Os problemas atuais dos refugiados imigrantes serão incomparáveis com os que surgirão com a crise climática.** O principal responsável pelo Departamento de Meteorologia de Bangladesh escreveu: "Esses imigrantes deveriam ter o direito de se deslocarem para os países de onde vêm os gases do efeito estufa. Milhões deveriam poder ir para os Estados Unidos."

Mas como é isso no atual estado de espírito o Ocidente? Não me refiro apenas aos Estados Unidos, que é um caso extremo, ou à Grã--Bretanha. Uma pesquisa recente mostra que a maioria dos europeus quer proibir totalmente a imigração proveniente de países de maioria muçulmana. A ideia geral é destruí-los primeiro e depois castigá-los pela tentativa de escapar das ruínas. Fala-se de uma *crise dos refugiados* enquanto milhares de pessoas se afogam no Mediterrâneo fugindo da África, onde a Europa tem uma imensa responsabilidade histórica. Na verdade, **a *crise dos refugiados* é uma grave crise moral e cultural do Ocidente.**

Voltemos à outra marreta, a ameaça nuclear. As principais potências nucleares, Estados Unidos e Rússia, estão expandindo seus arsenais de forma bastante perigosa, e os pontos críticos estão cada vez mais complicados, especialmente na fronteira russa. Vale apontar que isso se dá na fronteira russa,** e não na mexicana, como resultado da expansão da OTAN logo após o colapso da URSS, num ato de violação das

* Donald Trump foi presidente dos Estados Unidos no período de 2017 a 2021. [*N. E. Bras.*]

** Vale notar a relevância dessas observações à luz da guerra da Ucrânia.

promessas verbais feitas a Gorbachev, de que a OTAN não se expandiria "uma polegada em direção ao Leste" se ele aceitasse a unificação da Alemanha – uma concessão significativa na história do último meio século. A visão de Gorbachev, de uma *casa comum europeia*, de um sistema de segurança desde Bruxelas até Vladivostok, sem alianças militares, é um sonho que se desvanece. George Kennan e outros estadistas do alto escalão alertaram desde o início que a expansão da OTAN seria um "erro trágico, [um] erro político de proporções históricas". E isso agora está levando ao aumento das tensões na rota de invasão tradicional, pela qual a Rússia foi quase destruída duas vezes no último século apenas pela Alemanha. Para piorar a situação, em 2008, a Ucrânia, coração geoestratégico da Rússia, recebeu a oferta de adesão à OTAN, e em seguida Obama e Hillary Clinton fizeram esforços nesse sentido.

PEPE. Tenho uma espécie de angústia intelectual. Penso que a grande questão é se a humanidade terá tempo de corrigir ou não os desastres a que submeteu a natureza; esse é o grande dilema. A humanidade tem conhecimentos e meios, mas não consegue reunir decisões políticas suficientes para tomar as medidas necessárias. De forma irresponsável, continuamos disparando canhões em busca de petróleo, e todos sabemos perfeitamente que estamos na corda bamba. **Ao longo da história, a humanidade causou muitos desastres sem saber, mas agora os causa sabendo, consciente de sua autodestruição.** Então, a minha grande preocupação é: teremos tempo ou sucumbiremos numa espécie de holocausto ecológico? Ou uma parcela significativa da humanidade sucumbirá graças à falta de decisão política no mundo de hoje?

Nossa tendência é pensar em termos de Estados em vez de decidir em termos de espécie, e por isso cometemos um disparate após o outro. Basta observar a invasão da Ucrânia e o modo como o Ocidente está reagindo. **Estou convencido de que não há crise ecológica ou nuclear, o que há é uma crise política. Produzimos uma civilização**

sem comando político, governada pelos interesses do mercado. A política ficou subordinada aos interesses do mercado. E assim vamos navegando, irresponsavelmente. Isso piorou muito nos últimos anos, os números são assustadores. Diagnósticos, relatórios, relatos científicos, enfim... É como dar murro em ponta de faca. A política não organiza as recomendações da ciência.

E isso é cada vez mais perigoso porque o peso da humanidade, ou seja, a influência da sua atividade e do seu poder tecnológico no planeta, tornou-se um fator geológico. Até recentemente, a geologia era independente de nós; nós, seres humanos, tínhamos que lidar com as desgraças ecológicas, e era como uma loteria. Mas agora os seres humanos têm uma influência tão grande sobre a Terra que interferimos no rumo do planeta e, assim, somos como um enorme aprendiz de feiticeiro interferindo nos segredos da vida. E a vida responde com mudanças, sempre cria coisas novas, não é passiva.

Acho que a primeira vez que alguns humanos se deram conta de que tinham provocado esse nível de influência nos ciclos da vida foi na época de Darwin, graças aos insetos que mudaram de cor vivendo na Londres industrial do século XVIII, que era coberta de poeira e nuvens de carvão. Havia alguns deles branquinhos que começaram a ficar pretos. Isso chamou muito a atenção na época, e parece ser um problema que veio para ficar.

NOAM. Justo esta manhã encontrei na internet um livro de um cientista australiano muito conhecido, um cientista climático. O livro se chama *The Plutocene* [O Plutoceno]. Como vimos, desde a Segunda Guerra Mundial a atual era geológica é chamada de Antropoceno, que é o período em que a atividade humana está danificando gravemente o meio ambiente e atuando como uma força geológica. Mas agora Andrew Glikson argumenta que já ultrapassamos o Antropoceno e estamos entrando na era do Plutoceno, na qual o ecossistema terrestre será determinado pela quantidade de plutônio no ambiente. Os seres humanos serão restritos a pequenos grupos de caçadores e coletores nas regiões polares, e o resto do mundo ficará tão contaminado pela radiação e pelo plutônio, além do aquecimento global, que será inabitável. Do jeito que as coisas estão, não é uma perspectiva pouco realista.

PEPE. Realmente, é desolador. Não podemos ver a realidade a não ser através de um incrível dilema pessimista. Não sei se um milagre pode nos chacoalhar, tenho minhas dúvidas.

NOAM. É verdade que os sinais são desoladores. Alguns dos piores estão no Círculo Polar Ártico, no Polo Norte, uma área crítica para a regulação do sistema climático global, pois afeta não só os oceanos, mas todos os padrões climáticos do planeta. Essa região está aquecendo a uma velocidade bem maior do que outras partes do globo, nas quais a situação também é grave, mas não tanto quanto no Ártico. E isso tem um efeito de retroalimentação: quanto mais o gelo do Ártico derrete, mais a água escura fica exposta e mais radiação solar é absorvida em vez de ser refletida de volta para a estratosfera pelo gelo, acelerando, assim, o processo. O *permafrost*, que contém imensas quantidades de carbono armazenado, está derretendo e liberando a substância pela primeira vez, como nunca antes registrado. A substância chega à atmosfera na forma de metano – que é um gás letal, muito mais que o CO2 –, que vai acelerar ainda mais as coisas.

Mas vamos olhar também para o resto do mundo. Em lugares como a Índia, onde 10% da população tem ar-condicionado, os pobres camponeses tentam sobreviver em temperaturas que chegam a 50º C, com muita umidade – e isso é o que ocorre agora, no futuro será ainda pior. Lugares como o sudeste dos Estados Unidos, onde nós [Noam e sua esposa, Valeria] moramos, em breve serão desertos; a água já está acabando. Para onde quer que você olhe, estamos nos dirigindo para a catástrofe.

Há motivos para acreditar que ainda temos uma pequena janela de oportunidade para mudar este rumo. Existem propostas detalhadas e factíveis para deter o declínio e avançar na direção do que seria um mundo melhor, mas temos pouco tempo para colocá-las em prática. O que está em questão é se teremos a capacidade moral de superar essas tendências da sociedade e da história. **As evidências até agora não são muito encorajadoras, mas ver os jovens protestando contra o que foi feito com seu futuro é uma centelha de esperança, e tudo o que podemos fazer é nos oferecer para apoiar, tanto quanto possível, os esforços que eles estão empenhando.**

SAÚL. Os jovens de hoje são assim, ou pelo menos alguns deles, mas os senhores acreditam que os líderes políticos e econômicos do mundo de hoje estão à altura dos desafios do século XXI?

PEPE. Não. Acredito que existe uma separação muito grande entre as conclusões a que a ciência contemporânea chega e as decisões políticas, que não se abalam diante das estimativas inegáveis que a ciência há tanto tempo apresenta. Não é possível que, há trinta anos, nos tenham dito em Quioto o que aconteceria – e que, com uma tranquilidade burocrática, o mundo não tenha se mexido! Essa é a limitação que a humanidade tem, porque não é que nos falte conhecimento, é que não usamos o conhecimento para defender a vida.

NOAM. Também não acredito que os líderes políticos estejam à altura da situação, não os que existem agora. Penso que eles estão basicamente atentos às poderosas forças econômicas da sociedade, e nada mais. Imagine, por exemplo, algum congressista dos Estados Unidos: é claro que essa pessoa consegue entender os alertas da ciência, mas ela só escuta as corporações que financiaram a sua campanha. Por isso a campanha de Sanders foi tão significativa: mostrou, pela primeira vez, que é possível criar um grande movimento político sem financiamento corporativo.* Esta é uma mudança radical, e as pessoas aprenderam a lição: podem fazer as coisas por elas mesmas, de modo independente da estrutura desse sistema político financiado pelo mundo corporativo. E tudo isso pode chegar longe.

A esquerda, como todos os demais, deve reconhecer o fato de que, pela primeira vez na história da humanidade, estamos diante de decisões que determinarão se a nossa espécie sobreviverá ou não. As ameaças são diversas. Assim como a guerra nuclear é um problema iminente e a catástrofe ambiental é um desafio inadiável, a probabilidade de que haja pandemias é muito alta.** O uso excessivo de antibióticos na produção industrial de animais vem causando problemas potencialmente perigosos, criando um ambiente propício para pandemias que podem ser desastrosas se os antibióticos perderem a eficácia, algo que está muito além da nossa capacidade de desenvolver novas alternativas. Em particular, a produção de carne – que é uma das principais contribuições para o efeito estufa, que provoca o aquecimento global – envolve a utilização massiva de antibióticos. Os animais ficam abarrotados em condições insalubres, cheios de antibióticos para se manterem vivos e saudáveis, o que leva à rápida mutação de bactérias letais que podem facilmente superar a eficácia dos antibióticos. Isso está começando a acontecer; algumas doenças já não podem ser controladas, e o fenômeno vai se expandir, trazendo consequências gravíssimas. Portanto, há desafios realmente sérios, desafios que nunca antes tinham sido apresentados na história da humanidade e que devem ser enfrentados de forma livre, efetiva e muito rápida.

---

* Um dos pilares da pré-candidatura do democrata Bernie Sanders à Presidência dos Estados Unidos em 2016 foi a proibição de doações ilimitadas de grandes empresas a campanhas eleitorais; ele concorreu com contribuições de pessoas físicas, com um valor médio de US$ 27 por doação. Nas prévias do Partido Democrata, Sanders acabou derrotado por Hillary Clinton, que concorreu com o candidato do Partido Republicano, Donald Trump, eleito naquele ano. [*N. E. Bras.*]

** À luz da pandemia de 2020, uma reflexão profética feita em 2017.

Podemos também falar sobre o plástico nos oceanos. Algo tão simples como isso ameaça a existência de toda a vida marinha, e, em consequência, ameaça a vida humana. As espécies estão desaparecendo em um ritmo mais acelerado do que em qualquer outro momento dos últimos 70 milhões de anos. O que quero dizer é que há um problema atrás do outro, de enorme alcance, com os quais é preciso lidar rapidamente. E isso quer dizer agora, nesta geração.

Além de tudo isso, é preciso superar o modelo de sociedades hierárquicas e repressivas, em que apenas poucos dão ordens e o restante deve obedecê-las. Todas essas são grandes tarefas para a esquerda. É fundamental que as pessoas não mais aceitem condições sociais em que vivam só cumprindo ordens, o que é algo novo no capitalismo. Se observarmos as fases iniciais da industrialização, os trabalhadores consideravam a escravização assalariada quase igual à escravização clássica. Por que seguir as ordens de outra pessoa? Com o tempo, isso foi incorporado à consciência geral como algo normal, mas precisa ser removido da consciência.

PEPE. **Penso que nas próximas décadas o mundo também sofrerá fortes convulsões no campo da organização do trabalho e da distribuição de rendimentos, porque a revolução tecnológica é veloz demais, e a sociedade não consegue acompanhar essas mudanças.** Então, um tempo de cataclismos se aproxima. A robótica avança sobre nós, mas não acompanha uma distribuição salarial proporcional a esse aumento de produtividade, e isso criará condições muito difíceis. A esquerda precisa lutar pela civilização, por tudo isso de que estamos falando. Mas nem tudo é poético nem tudo é catastrófico. Vai depender do que for feito com a vontade organizada de tanta gente.

SAÚL. Professor, o senhor vê a possibilidade de mudanças revolucionárias ao longo do século XXI? Por *revolucionárias* me refiro àquelas de tal envergadura que possam transformar o modelo global de base e construir uma civilização sustentável.

NOAM. Bom, ainda não sabemos se veremos ou não mudanças revolucionárias no século XXI, mas insisto que é necessário que haja mudanças significativas, especificamente na forma como a sociedade está organizada. Caso contrário, o problema não tem solução. **A ideia de desenvolvimento, produção e interações baseada no mercado traz perigos intrínsecos e agora consequências letais.** O chamado *mercado* se baseia em ignorar as *externalidades*, que são o efeito de uma transação sobre todo o restante, o que se traduz em todo tipo de problemas e significa, hoje, a destruição do meio ambiente. Se isso não for superado de alguma maneira, estamos perdidos.

Em segundo lugar, **a própria ideia de que as pessoas devem assinar um contrato social segundo o qual algumas recebem ordens de outras é intrinsicamente ilegítima e deve ser superada.** Isso significa o controle democrático das instituições públicas, mas inclui também o controle das empresas produtivas pelos seus trabalhadores, como é o caso das cooperativas. O sistema internacional deve ser formado pelas pessoas que dele participam, sem hierarquias inerentes, e estas são mudanças que podemos chamar de revolucionárias.

PEPE. Quando eu era jovem, acreditávamos que nós, da esquerda, lutávamos pelo poder. Agora acredito que a luta é pela civilização.

NOAM. Verdade. E, sem uma ação séria, num espaço de tempo não muito grande, podemos chegar ao ponto em que a vida humana organizada seja algo que oscile entre o difícil e o impossível.

de se encontrar algo que passasse a formar o modo global de fazer e gerir uma civilização sustentável.

NOAM: Bom, ainda mais fundamentais — e eu não acho que necessariamente incompatíveis no sentido em que isso é necessário, que haja mudanças significativas especificamente na forma como a sociedade está organizada. Caso contrário, o problema não terá solução. A ideia de desenvolvimento, produção e interações baseada no mercado traz perigos intrínsecos e agora consequências letais. O chamado mercado se baseia em ignorar as externalidades, os efeitos de uma transação sobre todo o restante, que se traduz em todo tipo de problemas e, significativamente, a destruição do meio ambiente. Se isso não for superado de alguma maneira, estamos perdidos.

Em segundo lugar, a própria ideia de que as pessoas devem estar sob um contrato social segundo o qual algumas recebem ordens de outras é intrinsecamente ilegítima e deve ser superada. Isso significa o controle democrático das instituições públicas, mas inclui também o controle das empresas produtivas pelos seus trabalhadores, como é o caso das cooperativas. O sistema internacional deve ser formado pelas pessoas que dele participam, sem hierarquias inerentes, e essas são mudanças que podemos chamar de revolucionárias.

PLEKE: Quando eu era jovem, acreditávamos que nós, da esquerda, lutávamos pelo poder. Agora acreditamos lutar pela civilização.

NOAM: Verdade. E, em uma década, num espaço de tempo não muito grande, podemos chegar a um ponto em que a vida humana organizada seja algo que oscile entre o difícil e o impossível.

4. BATALHA CULTURAL

PEPE. A minha geração cometeu um erro por sua ingenuidade: acreditou que a mudança social consistia apenas em mudar as relações de produção e distribuição na sociedade, e não percebeu o papel que a cultura desempenha. O capitalismo é também uma cultura, e é preciso reagir a ele com uma cultura diferente. Acredito que tudo isso é a luta da solidariedade contra o egoísmo.

NOAM. Bem, é muito interessante ver como a cultura se desenvolve. Se observarmos algumas das maiores contribuições culturais do período moderno, veremos que se originaram em alguns dos mais horríveis campos de trabalho escravizado que já existiram na história da humanidade, como o sul negro dos Estados Unidos, que é a fonte do blues, do jazz, da mais inovadora música moderna. A cultura é algo estranho, algo que as pessoas têm dentro de si; simplesmente a desenvolvem e cultivam em condições horrorosas, então, me parece ser um impulso interno que de alguma forma as pessoas trazem à tona. E o que podemos tentar fazer é ajudar a criar as condições nas quais esses impulsos espontâneos possam prosperar. **O que a esquerda deve fazer é ajudar a criar as condições necessárias para que esses instintos humanos naturais possam se desenvolver e prosperar.**

Acho que uma das melhores declarações do marxismo foi que o comunismo que [Karl Marx] esperava seria capaz de lidar com os problemas animalescos da humanidade, mas deixando livres seus problemas humanos. Na melhor das hipóteses, libertando as pessoas, como disse

Marx, para que enfrentem seus problemas humanos sem os impedimentos, barreiras e restrições impostos pelas diversas sociedades repressivas, inclusive a capitalista. Seria preciso remover essas correntes e deixar as pessoas serem livres para explorar seus próprios instintos e habilidades naturais.

PEPE. Concordo, e nesse caso não me refiro a essa cultura que se vende, à dança nos palcos ou à música profissional. Tudo isso é importante, claro, mas quando falo de cultura estou me referindo às relações humanas, ao conjunto de conceitos que orientam as nossas relações sem que percebamos. É esse conjunto de valores tácitos que está determinando a forma como milhões de pessoas anônimas, no mundo inteiro, se relacionam.

SAÚL. A partir desse ponto de vista, acho que existem certos traços distintivos dessa cultura capitalista a que o senhor se refere, Pepe. Como o consumismo, por exemplo.

PEPE. Claro. O consumismo faz parte dessa cultura; é uma ética útil às necessidades do próprio capitalismo na sua luta pela acumulação infinita. O pior problema do capitalismo seria pararmos de comprar, ou comprarmos muito pouco, isso seria intolerável para o sistema [diz, rindo]. E isso tem gerado uma cultura que nos envolve, que nos rodeia, na qual estamos imersos e que serve a esse propósito. **Um sistema social não consiste apenas em relações de propriedade, mas também em um conjunto de valores tácitos partilhados com as pessoas comuns da sociedade, e isso, que é mais forte do que qualquer exército, é a principal força do capitalismo nesta etapa.**

NOAM. E há razões por trás disso. No sistema doutrinário da sociedade capitalista de Estado há um esforço tremendo para afastar as pessoas, eliminando assim a única forma pela qual elas podem enfrentar a acumulação de capital: trabalhando de forma coletiva e solidária. Portanto, **a indústria da propaganda, naturalmente, visa a separar as pessoas e solapar a solidariedade**. Esse é o objetivo do consumismo e da indústria de relações públicas, a indústria da publicidade, essa que gasta centenas de bilhões de dólares por ano tentando convencer as pessoas a se concentrarem apenas no seu próprio consumo individual e a não trabalharem em conjunto. É um esforço impressionante, muito além de qualquer agência de propaganda estatal. Tudo isso é feito de forma muito consciente, o que se pode notar lendo a literatura de negócios. Eles sabem perfeitamente o que estão fazendo.

Essas indústrias de propaganda se desenvolveram pela primeira vez nas sociedades mais livres, na Grã-Bretanha e nos Estados Unidos, onde os líderes empresariais conservadores entenderam que já não podiam controlar as pessoas pela força, porque muita liberdade já tinha sido conquistada; então era necessário distraí-las da ação pública coordenada. Isso significa acabar com os sindicatos dos trabalhadores, é claro, mas também orientar massivamente a população para as coisas superficiais da vida, como o consumo da moda, por exemplo. E, se for possível criar um mundo em que a unidade social seja uma dupla – você, a sua televisão e nada mais, você e esse shopping, você e um celular... –, se consegue isso, é possível controlar as pessoas, porque elas não trabalham juntas.

PEPE. Então, como você verá, [Saúl,] minha geração acreditou que mudaria o mundo tentando nacionalizar os meios de produção e distribuição, e não conseguiu entender a tempo que no centro de toda essa batalha deveria estar a construção de uma cultura diferente. Não se pode construir um edifício socialista com pedreiros que, no fim das contas, também são capitalistas. Por quê? Porque vão roubar os vergalhões, vão roubar o cimento, porque estão buscando resolver só o lado deles, porque é assim que somos formados, nesse individualismo. A minha geração, que é filha do racionalismo e tem uma visão programática da história, não entendeu que o ser humano muitas vezes decide com as vísceras, e que só depois a consciência constrói argumentos para justificar tais decisões. Ou seja, na maioria das vezes, escolhemos com o coração, e aí a cultura torna-se uma questão vital, porque modera a nossa irracionalidade.

Por exemplo, o que aconteceu com as nossas lideranças [de esquerda]? Os quadros diretivos estão doentes e imersos nessa mesma cultura, por isso sua forma de vida não transmite uma mensagem coerente com sua luta. Olha, me fizeram parecer um presidente pobre, não entenderam porra nenhuma! Eu não sou pobre, pobre é quem precisa de muito para viver. Minha definição é estoica. A questão é que se o mundo não aprender a viver com alguma sobriedade, a não desperdiçar, a não esbanjar, se não aprendermos isso logo, o nosso mundo não vai resistir. O afã pelo dinheiro nos incita a continuar comprando coisas novas o tempo todo, porque é isso que permite a acumulação; mas sustentar a vida do planeta significa que temos que aprender a viver com o necessário e sem desperdiçar; é exatamente o contrário. Agora, como você vai ver, essa luta é uma epopeia de cunho cultural.

O que acontece é que nós, de esquerda, temos que perceber que devemos reconstruir um arsenal de pensamento que é diferente do que tínhamos, mas isso não significa nos convertermos ao capitalismo. Devemos recriar uma cultura de esquerda! Quando, nos planos quinquenais, começamos a comparar somente a produtividade e as toneladas de aço que eram produzidas de um lado e de outro [Oriente e Ocidente], nós fracassamos, acabou a nossa criatividade em relação às ideias e às coisas. Queríamos fazer o mesmo que o capitalismo, mas em maior quantidade. No fundo, tudo isso tem a ver com o bem viver, com os valores que podemos alimentar na vida, com as coisas a que podemos aspirar. O sentido do limite. Nada em excesso, como diziam os gregos, nada em excesso.

Para começar, a esquerda tem que ser fiel a outra escala de valores, e é por isso que insisto no problema da cultura, no problema do compromisso e no problema da revalorização de certas questões da vida às quais o capitalismo não atende. Há muita tristeza em nossas sociedades cheias de riquezas. Somos sociedades do sobrepeso, somos sociedades superalimentadas, somos sociedades sufocadas pela quantidade de lixo que produzimos. Infestamos tudo, compramos coisas de que não precisamos e depois vivemos desesperados pagando contas. Isso tudo… É preciso propor outra forma de viver! [bate na mesa e ri]. **Para mim, a esquerda tem que ser mais revolucionária do que nunca.**

SAÚL. Para ser mais específico, o que isso significa?

PEPE. Significa viver como se pensa, porque, do contrário, acabamos pensando da maneira como vivemos. Há cinquenta anos sonhávamos em produzir [na União Soviética] as mesmas toneladas de aço que os Estados Unidos estavam produzindo, para superá-los, e comparávamos os planos quinquenais com o que estava acontecendo na economia, quando, na verdade, deveríamos ter nos preocupado que as pessoas vivessem mais felizes e que houvesse uma melhor distribuição dos recursos que temos.

SAÚL. E, individualmente, não acha que deveríamos pensar também que o sujeito revolucionário do século XXI não pode mais ser aquele que toma o poder para distribuí-lo, mas sim aquele que distribui o poder sem tomá-lo? Ou seja, essa grande mudança de paradigma inclui a autodeterminação coletiva como objetivo central. Digo isso porque é algo de que a esquerda que chega ao poder, a esquerda burocrática e eleitoral, parece sempre se esquecer.

PEPE. Isso é verdade, sem dúvida. Mas cuidado! O poder não existe, o poder no sentido absoluto não existe; existe em níveis. Há uma disputa eterna e permanente [entre esquerda e direita], mas... Sim, é verdade o que lhe disse hoje: a luta é por uma sociedade autogerida, em que possamos aprender a ser chefes de nós mesmos e também chefes coletivos dos nossos projetos comuns. A nova esquerda terá que discutir essas coisas. **Acredito na existência permanente da esquerda no topo do mundo, mas não da esquerda que já existiu. O que passou, passou! Acabou! A esquerda terá que ser diferente porque os tempos mudam. A única coisa permanente é a mudança.** E por isso sou mais do que grato a Noam por sua luta pela liberdade de pensamento, que é a chave de tudo isso.

Então, claro que sim. Veja, [Saúl,] não vou colocar um freio ou um obstáculo à criação de novas obras revolucionárias. Pelo contrário! Mas não tenho uma fórmula mágica. No entanto, parece-me que a criatividade deve ser incentivada, pois estamos num mundo com uma velha esquerda que vive com muita nostalgia, que mal consegue entender por que fracassou e que tem extrema dificuldade em imaginar novos caminhos para seguir. Acho que é um momento de muito ensaio, muita experimentação e criatividade. E, para isso, há alguns parâmetros que podemos seguir, porque, como mencionei, minha geração não deu importância ao papel da cultura. E, reitero, não estou me referindo a essa cultura que se vende, que cultiva as belas-artes e tudo o mais. Não, refiro-me à cultura inerente às relações comuns e cotidianas que as pessoas têm, que em última análise é a etapa mais tênue do capitalismo, que dá funcionalidade aos acontecimentos do dia a dia, para que a acumulação capitalista perdure, acima de qualquer coisa.

A cultura na qual estamos inseridos, pela qual estamos rodeados, só funciona para a multiplicação do lucro e a acumulação individual. E isso é muito mais forte do que o exército, o poder militar e tudo o mais, porque **essa cultura está determinando as relações duradouras de milhões de pessoas anônimas no mundo inteiro. E isso é muito mais forte do que a bomba atômica!** Portanto, mudar um sistema sem enfrentar o problema da mudança cultural é inútil. Temos que construir um novo sistema e, em paralelo, uma nova cultura, uma nova ética, porque, caso contrário, acontece o que vimos com a União Soviética, que deu uma volta perfeita de 360º para ficar na mesma situação... mas muito pior! Então, temos que aprender com essa derrota, não é mesmo?

enfrentar o problema da mudança cultural é muito [illegible]. Temos que construir um novo sistema e, em paralelo, uma nova cultura, uma nova ética. Porque, caso contrário, acontece o que vimos com a União Soviética, que deu uma volta perfeita de 360° para ficar na mesma situação, mas muito pior! Então, temos que aprender com essa derrota, não é mesmo?

5. DISRUPÇÃO TECNOLÓGICA

NOAM. E aí vem outra grande tarefa para a esquerda: aproxima-se uma época em que a automação será capaz de assumir grande parte do trabalho monótono, repetitivo e perigoso que as pessoas fazem. No sistema social adequado, isso liberaria as pessoas para empreenderem um trabalho realmente criativo e gratificante, e, a meu ver, agir para elaborar essas condições é uma tarefa muito importante para a esquerda do século XXI.

SAÚL. Pepe, quais problemas o senhor identifica em relação ao fenômeno iminente da automação do trabalho?

PEPE. **O problema mais grave é que os robôs podem substituir o homem oferecendo vantagem em muitos aspectos, mas os robôs não consomem, e vão trabalhar para o dono dos robôs. E aqueles que não são donos de robôs, vão viver de quê?** Então, o problema não é a robótica, mas sim o sistema que temos, o capitalismo. A robótica é uma técnica maravilhosa, o problema é quem controla tudo isso. Serão necessárias políticas fiscais que permitam a redistribuição. Os donos dos robôs terão que contribuir muito mais. Isso já entra na questão da renda básica, no mínimo, da Taxa Tobin e tal.*

---

* Em 1972, o economista estadunidense James Tobin, laureado com o Prêmio Nobel em 1982, sugeriu que as transações financeiras internacionais fossem taxadas em pelo menos 0,5%. Inicialmente defendida como forma de controlar a volatilidade dos mercados em decorrência da especulação e de estabilizar as transações cambiais, posteriormente, passou a ser vista como método para arrecadar recursos que poderiam diminuir as desigualdades em escala global. Embora discutida há vários anos, os países ricos ainda não aprovaram sua implementação. [*N. E. Bras.*]

NOAM. De fato, esses não são problemas da automação, são problemas da sociedade. E a tarefa da esquerda é criar uma sociedade na qual os impactos negativos da tecnologia não se sobressaiam. A tecnologia por si só é algo neutro, assim como um martelo: é possível usá-lo para partir a cabeça de alguém ou para construir uma casa; para o martelo, dá no mesmo. O que ocorre com a automação é igual: você pode usá-la da maneira que está descrevendo em uma sociedade capitalista, ou pode usá-la para liberar as pessoas para realizarem um trabalho independente e criativo que as motive, eliminando tarefas monótonas, arriscadas e repetitivas. A automação pode seguir qualquer uma dessas duas direções. Portanto, **a tarefa da esquerda é criar condições sociais e culturais nas quais os aspectos benignos e construtivos da tecnologia e da automação sejam os que se destacam.**

É um problema social, não tecnológico, e a tecnologia pode salvar. Por exemplo, em matéria de ecologia, a única maneira de solucionar o problema é continuar avançando tecnologicamente. Os painéis solares, outro exemplo, podem fazer uma grande diferença na geração de energia sustentável, assim como a energia eólica. Um dos aspectos importantes da tecnologia solar é que ela pode ser um sistema distribuído e não centralizado, e isso é fundamental. As empresas de energia procuram sempre evitar o uso dessa tecnologia porque ela afeta os lucros, é um sistema capaz de ampliar a democracia popular, uma vez que qualquer pessoa pode colocar seus próprios painéis solares em casa. Acredito que devemos avançar nessa direção.

Assim, a automação pode servir para destruir a força operária, mas também pode ser utilizada na direção oposta, para avançar em qualquer desses sentidos. Esse não é um problema novo, e temos que ter consciência sobre o que aconteceu. O trabalho mais meticuloso sobre o tema foi feito por David Noble, um historiador da tecnologia que, infelizmente, faleceu há pouco tempo [em 2010]. Na década de 1960, Noble estudou o que chamam de *controle numérico de máquinas*, que se refere basicamente às diferentes formas de controle das máquinas através de computadores, algo muito relevante hoje em dia. Existem maneiras alternativas de projetar a tecnologia: uma é colocar o modelo descentralizado das máquinas nas mãos de especialistas em mecânica capacitados, e outra opção é pôr esse controle nas mãos do poder corporativo centralizado. Havia razões para seguir uma direção ou outra, mas já sabemos que a opção que prevaleceu foi dar todo o poder às corporações.

Essas são decisões políticas e sociais quanto à utilização da tecnologia, e agora a mesma questão surge em relação à robótica: essa tecnologia será utilizada para dominar e centralizar o poder, ou para libertar os trabalhadores das tarefas chatas, repetitivas e perigosas que executam, de modo que possam se envolver em atividades criativas que, de fato, tragam contribuições para a sociedade e para eles próprios? Bom, podemos seguir em qualquer dessas duas direções, como sempre, mas a opção libertadora dependerá da organização social, do ativismo e da participação popular.

Consideremos as tecnologias de informação. Elas podem ser usadas pelos governos para controlar a população – refiro-me a empresas como o Google e o Facebook, que detêm enormes quantidades de dados sobre cada indivíduo deste planeta, dados que podem facilmente ser usados para controlá-los. **Mas essas tecnologias da informação também poderiam ser utilizadas para o controle democrático e participativo da economia, fornecendo informação em tempo real aos trabalhadores responsáveis pelas empresas produtivas, para tomarem coletivamente as melhores decisões.** A tecnologia é basicamente neutra, pode ser usada para qualquer finalidade. Tudo depende de como projetamos as estruturas sociais e de como as decisões são tomadas, e a discussão sobre esse assunto deve envolver a participação popular. Primeiro é preciso compreender como tudo isso funciona e depois reconhecer o potencial libertador e democrático que tem, para que se construa um sistema social capaz de explorar esse potencial em benefício da liberdade e da democracia. Essa é, a meu ver, uma esperança real e importante para o futuro.

PEPE. Verdade, é um mundo desafiador. Quem será que vai definir o futuro? O mercado e seus líderes ou a humanidade? Essa é a questão. Devemos antes de tudo compreender que fazemos parte dos equilíbrios da vida e que a chave é manter esses equilíbrios ecossistêmicos. É muito provável que dentro de cinquenta anos pessoas tenham o fígado, o pâncreas e o coração substituídos, que esses órgãos sejam reproduzidos ou impressos com o seu próprio tecido e que essas pessoas possam viver 150 ou 200 anos. É muito provável, mas, de todo modo, só para quem tem muito dinheiro, e essa será uma das maiores injustiças que o homem terá visto na Terra, porque não será algo para todos, só para alguns privilegiados. Pela primeira vez, será possível comprar anos de vida com dinheiro. Eu não gosto nem um pouco dessa humanidade! Apreciaria uma humanidade que se preocupasse com a vida de todos os bichos que nos acompanham, que permitisse que os pássaros continuassem cantando. Se, de repente, a inteligência artificial passa a ter habilidades que nos ajudam a nos governar melhor, devemos explorar isso. O problema é quando essas oportunidades passam pelo filtro do bolso de uns poucos. **Que seja bem-vindo o avanço da economia e da tecnologia, se tiver como propósito criar e tentar multiplicar a felicidade humana. Caso contrário, é possível que ele produza um mundo desastroso – podemos ver um tipo de ditadura jamais visto na Terra.**

SAÚL. Senhor Pepe, não seria importante, especialmente para os jovens, buscar uma legislação adequada, antes que esse problema nos arruíne? Pois o avanço da tecnologia continuará sendo exponencial, e as ameaças de disrupção tecnológica são iminentes.

PEPE. A inteligência artificial não será a culpada. O problema é quem a controla e para que a controla. Voltamos ao mesmo problema que temos hoje: será que isso vai favorecer o interesse de uma minoria ou da humanidade? Portanto, no fundo, há uma questão moral, uma questão filosófica ligada às razões pelas quais lutamos, e a resposta vai depender da capacidade humana de enfrentar isso, porque só se cumprem as leis que têm respaldo humano e, então, elas são aplicadas. O cemitério das boas leis mortas não tem fim; o mais importante é que existam forças sociais. **Por isso, os jovens têm que aprender que precisam se unir àqueles que pensam parecido, e lutar, lutar com grandeza e dar à vida uma razão para vivê-la.**

Afinal, qual é o destino dos jovens contemporâneos? Envelhecer pagando contas, confundindo a felicidade com a compra de algo novo, e depois de algo mais novo ainda, e assim por diante, até que morram? Vale a pena lutar por um mundo melhor, onde as sociedades possam interferir nas decisões relativas a questões tão fundamentais. Temos pela frente a redução da jornada de trabalho, temos que garantir que as máquinas pensantes contribuam para a segurança social – porque a população está envelhecendo cada vez mais –, temos pela frente infinitos capítulos de luta; e isso terá que ser enfrentado, com pessoas que não pensam só em si mesmas, mas também nos outros.

6. NEOLIBERALISMO E NEOFASCISMO

NOAM. Quem tem idade suficiente para se lembrar da década de 1930, como eu, não pode deixar de ficar alarmado com o recente surgimento de partidos neofascistas, inclusive na Áustria e na Alemanha, entre outros lugares. Não é fácil reprimir as lembranças amargas, sobretudo quando a maioria dos europeus pede que se proíba a entrada de todos os muçulmanos na Europa.

Muita gente quer reverter as verdadeiras conquistas da União Europeia, como a livre circulação de pessoas e a erosão das fronteiras nacionais, que é algo bastante coerente com o fortalecimento da diversidade cultural nas sociedades liberais e humanas. É claro que não podemos atribuir essas conquistas à irrupção neoliberal no Ocidente, mas são um fator comum e significativo. As políticas neoliberais procuram desgastar o poder regulador do Estado e, assim, afetam a sua capacidade de evitar catástrofes ecológicas e nucleares, por exemplo. Mas os efeitos são ainda mais profundos. Na medida em que uma sociedade é democrática, o poder do Estado é o poder da população, de modo que a corrosão da democracia é um traço marcante dos programas e princípios neoliberais. Esses programas, por sua natureza, tendem a concentrar a riqueza em pouquíssimas mãos, enquanto a maioria fica estagnada ou decai. E assim uma democracia funcional se desgasta por efeito natural da concentração do poder econômico, uma vez que este se traduz imediatamente em poder político por meios comuns, mas também por razões mais profundas e com base em princípios.

A doutrina neoliberal sustenta que a transferência da tomada de decisões do setor público para o "mercado" contribui para a liberdade individual, mas a realidade é muito diferente. Esse poder de decisão é transferido de instituições públicas, nas quais a população tem voz – desde que a democracia esteja funcionando –, para tiranias privadas, nas quais o que é público não tem voz. Estamos falando do domínio total da economia pelas corporações. Essas políticas públicas procuram garantir que se torne verdade aquela frase conhecida: "A sociedade não existe mais." Essa é a famosa descrição que Margaret Thatcher fez do mundo que ela via, ou melhor, do mundo que ela esperava criar; isto é, transformar a sociedade numa massa amorfa que não pode funcionar por si própria. **No mundo contemporâneo, o tirano já não é um governante autocrático, pelo menos no Ocidente, mas, sim, uma superconcentração de poder privado e de burocracias livres do controle estatal.** Também não há garantia de que uma democracia em funcionamento, com uma população informada e comprometida, nos conduzirá a políticas que considerem as necessidades e as preocupações humanas, incluindo as preocupações com a sobrevivência. Porém, essa é a nossa única esperança.

SAÚL. Recentemente, o senhor fez algumas declarações muito polêmicas a esse respeito sobre o Partido Republicano, certo?

NOAM. Bem, fiz duas declarações sobre isso. Uma é que **o Partido Republicano é a organização mais perigosa da história da humanidade**, e a segunda é que essa é, de fato, uma declaração escandalosa. Surge, então, naturalmente, uma pergunta inevitável: isso é verdade? Bem, a meu ver é verdade. É repugnante, mas é verdade. Nunca houve, na história da humanidade, uma organização que se dedicasse a políticas que levam à destruição definitiva da possibilidade de vida humana organizada.

SAÚL. Poderíamos então considerá-lo [o Partido Republicano] pior do que o Estado Islâmico?

NOAM. O Estado Islâmico está comprometido com a destruição da sociedade? É claro que o Partido Republicano não assume que esse seja o seu compromisso, mas as políticas que ele promove têm essa consequência. E não partem apenas de Donald Trump. Como mencionei, se olharmos para as primárias republicanas de novembro,* veremos que todos os candidatos, sem exceção, negam que o aquecimento global exista, ou, quando reconhecem que existe, argumentam que não devemos fazer nada a respeito. Estamos falando de 100% da organização e, por incrível que pareça, quase não há comentários sobre o tema.

Outro elemento incomum na direita dos Estados Unidos é a sua comunidade evangélica, poderosíssima.

PEPE. Na América do Sul também, e é um movimento muito conservador.

NOAM. Agora os evangélicos estão estritamente alinhados com o eleitorado republicano. Digo isso apenas para ilustrar que a maioria dos republicanos pensa, por exemplo, que a educação universitária é danosa.

PEPE. Aqui na América do Sul o movimento evangélico também se alastrou com força. Especialmente no Brasil.

LUCÍA TOPOLANSKY. No Peru, na Colômbia... É um perigo.

NOAM. Acho que os evangélicos no Brasil ainda não conseguiram se transformar numa força política.

* Noam Chomsky se refere a novembro de 2016.

PEPE. Já existe uma bancada.

VALERIA WASSERMAN. Sim, já são fortes no Brasil, com certeza. Eles têm seu próprio partido político, de extrema direita.

PEPE. É por isso que somos tão laicos aqui [no Uruguai].

VALERIA. Achávamos que o Brasil era assim também, mas infelizmente já não é verdade.

LUCÍA. O Uruguai é o país mais laico da América Latina.

PEPE. É mesmo. Em 1919, a Igreja foi separada do Estado, mas é lógico que esse processo começou muitos anos antes. Em 1905, 1910, houve uma forte pressão pela separação, e em 1910 tínhamos um presidente que escrevia *Deus* com letra minúscula.

NOAM. E isso também se manteve durante a ditadura?

PEPE. Sim, nunca foi possível mudar.

NOAM. No caso do Brasil, isso mudou com a ditadura?

VALERIA. Acho que a mudança não foi assim.

NOAM. Nos Estados Unidos, o movimento evangélico sempre foi enorme, mas nunca se tornou realmente uma força política organizada, até que os republicanos se viram obrigados a formar uma coligação popular de evangélicos com nacionalistas, racistas etc. Por quê? Porque os seus próprios programas são tão reacionários e a favor das elites econômicas, que não conseguem atrair eleitores entre seus pares; então se veem obrigados a formar essa coalizão popular de, em muitos aspectos, forças radicais aterrorizantes, que mal existiam antes.

E há certa confusão em relação aos setores que apoiam Trump, pois, na verdade, não são a classe trabalhadora, como algumas pessoas pensam. Isto é, os eleitores de Trump têm mais poder aquisitivo. Há pequenos comerciantes, empresários, empreiteiros de serviços rurais... É um eleitorado que inclui parte da classe trabalhadora, mas não tanto. Do ponto de vista socioeconômico, seu grupo de eleitores é bastante similar à classe em que se baseou o fascismo da década de 1930. Infelizmente, está relacionado aos elementos racistas tão arraigados nos Estados Unidos. A supremacia branca é muito mais poderosa nos Estados Unidos do que em qualquer outro país, inclusive na África do Sul.

Por sua vez, o Partido Democrata está inclinado a seguir a liderança política dos últimos anos, que, em suma, consiste em transformá-lo num partido republicano moderado, um partido defensor do empresariado e que abandonou a classe trabalhadora seguindo o padrão dos programas neoliberais. O Partido Democrata pode seguir esse caminho, que não é uma opção significativa, mas também pode se tornar um partido da diversidade. Um exemplo é Sanders, comprometido com um "New Deal", um capitalismo do bem-estar social. O próprio Sanders se autodenomina socialista, embora não pareça. Quer dizer, atualmente o termo *socialismo* significa apenas capitalismo de Estado moderado. Mas poderia ser um partido com políticas progressistas que tivessem alguma transcendência; poderia ganhar uma eleição. É provável que isso não aconteça. Ao mesmo tempo, porém, muitos dos ativistas de Sanders estão tomando medidas que poderão ser politicamente importantes a longo prazo.

Sob o governo de Obama, o Partido Democrata quase entrou em colapso em nível estatal, e perdeu praticamente tudo em nível local. Isso está sendo reconstruído, de modo que pode vir a ter um impacto relevante. É difícil prever, mas há sinais de que há oportunidades que podem ser aproveitadas.

SAÚL. Professor Chomsky, os acordos de livre comércio representaram um instrumento típico do neoliberalismo e da transferência de poder do Estado para o setor corporativo. Por que isso ocorre?

NOAM. Em primeiro lugar, acho que devemos ter em mente que **os chamados *acordos de livre comércio* não são, na verdade, acordos de livre comércio, mas sim acordos sobre os direitos dos investidores. Devemos usar os termos corretos.** Por exemplo, as negociações da Rodada Uruguai [realizadas no âmbito do Acordo Geral sobre Tarifas Aduaneiras e Comércio, de 1986 a 1994, com 123 países participantes] tiveram uma relação muito limitada com o que poderíamos chamar de *livre comércio*. Outro caso é o Acordo de Livre Comércio da América do Norte (NAFTA), que não tem quase nada a ver com comércio; e, em particular, o Acordo de Associação Transpacífico (TPP), que passa pelo mesmo problema. Esses acordos são voltados para a ampliação dos direitos do poder privado. Até a Rodada Uruguai teve muito a ver com o que hoje chamam de *direitos de propriedade intelectual*, que são basicamente direitos de monopólio. Por exemplo, Bill Gates é considerado o homem mais rico do mundo* por duas razões: a primeira é que ele conseguiu explorar décadas de pesquisa financiada pelos contribuintes, o que levou à criação da internet, de *softwares*, satélites etc., e a segunda é que deteve direitos de exploração disso tudo de forma monopólica. Todos os computadores vêm com Windows, e essa parece ser a consequência dos supostos acordos de livre comércio.

Existem agora grandes direitos de patente para o poder privado – algo nunca visto no passado – que permitem a manutenção dos seus monopólios. Se a rodada de acordos sobre direitos de patente no Uruguai tivesse acontecido no século XIX, os Estados Unidos seriam hoje um país

* O estadunidense Bill Gates é figura recorrente na lista das pessoas mais ricas do mundo. Sua fortuna foi considerada a maior do mundo nos seguintes períodos: 1995–2007, 2009 e 2014–2017. Em 2024, ele figura na sétima posição da lista. [*N. E. Bras.*]

do terceiro mundo. Nunca teriam se desenvolvido; teriam sido impedidos. Outro elemento dos chamados *acordos de livre comércio* é que eles concedem aos investidores privados o direito de processar judicialmente os governos. Nós, como indivíduos, não podemos processar o governo, mas as empresas multinacionais têm esse direito. Podem, por exemplo, processar um governo por impor medidas ambientais que afetem seus lucros, e coisas assim têm acontecido com frequência cada vez maior. É preciso retirar a palavra *livre* desses acordos.

O NAFTA, por exemplo, é muito revelador. As empresas não fornecem dados, de modo que dispomos apenas de cifras indiretas, mas, na literatura acadêmica de Economia, diz-se que o NAFTA levaria a um aumento do comércio entre os Estados Unidos e o México. Porém, se observarmos [vira-se para Saúl]... Veja, vamos tomar como exemplo a General Motors, que produz peças em Indiana e as envia para uma maquiladora* no norte do México, para serem montadas, e depois os carros são levados a Los Angeles, onde são vendidos. A isso dão o nome de *comércio bilateral*, mas, na verdade, são interações internas que representam o mesmo tipo de comércio que havia na URSS: produziam algo em determinado lugar e depois enviavam à Polônia para que fosse montado... Chamavam isso de *comércio*, mas não era mais do que uma interação dentro de uma economia controlada e dominante, ou seja, eram tiranias privadas. Estima-se que 50% do que se chama de *comércio entre o México e os Estados Unidos* seja basicamente a interação entre uma economia interna dominante sobre outra, e isso tem graves efeitos secundários, como a destruição da indústria agrícola mexicana. Os agricultores mexicanos, que são de fato muito eficientes, não têm como competir com o agronegócio estadunidense,

* A *maquila* é um regime que surgiu no México nos anos 1960, e que ainda existe, no qual empresas *maquiladoras* estadunidenses se instalam na fronteira mexicana para usufruir da força de trabalho barata e dos incentivos fiscais na fabricação de seus produtos, depois facilmente transportados para os EUA. [*N. T.*]

que é fortemente subsidiado pelo governo, e isso se vê por todos os lados. Portanto, é preciso ter muito cuidado com os supostos acordos de livre comércio. Eles não trazem liberdade. Devemos chamar as coisas de acordo com o que elas são, não apenas pelo nome que, por conveniência, receberam.

Por exemplo, o TPP está de algum modo sendo reconstruído, mas, enquanto isso, está crescendo um outro tratado paralelo, mais importante, chamado Acordo Geral sobre Comércio de Serviços (AGCS), que nada tem a ver com o comércio, mas sim com a manipulação financeira e o controle de transações. Isso vem sendo implementado com bastante discrição, nos bastidores, mas terá basicamente as mesmas consequências. O colapso do TPP provocou alguns efeitos. Um deles é o aumento do poder dos investimentos chineses, e muitos países ocidentais têm seguido esse jogo, inclusive a Inglaterra. Mas não os Estados Unidos; na verdade, eles foram excluídos, e isso faz parte do crescimento econômico da China, que é inferior ao dos EUA, mas ainda assim é expressivo.

Entretanto, penso que a estrutura da economia internacional sob o controle das corporações multinacionais é muito complexa. Suas cadeias de abastecimento são muito densas e estáveis, facilmente capazes de conservar seu poder político para manter essa tendência, a menos que houvesse um envolvimento muito maior da população. Para isso, em primeiro lugar, as pessoas têm que entender o que está acontecendo, porque é algo que vai continuar, mas pode tomar diferentes rumos.

7. GUERRA AO TERROR E ÀS DROGAS

SAÚL. Dois grandes chamarizes estadunidenses: *a guerra às drogas, a guerra ao terror*. O que os Estados Unidos realmente querem com isso?

NOAM. A expressão *guerra ao terror* é interessante, agora está associada a Bush, mas na verdade é de Ronald Reagan. Quando Ronald Reagan assumiu o poder, ele e sua administração declararam o compromisso de focar as políticas dos Estados Unidos no que chamaram de *terrorismo internacional de Estado* [*State directed international terrorism*]. Referiam-se à invenção do terrorismo russo apoiado por Cuba na América Central, mas foi a administração Reagan que, naquela altura, se tornou o principal Estado terrorista do mundo. Só na América Central, mais de 200 mil pessoas foram assassinadas, e outras centenas de milhares foram vítimas de tortura e destruição. Na África do Sul, na época de Reagan, os Estados Unidos foram o último país a apoiar o regime do *apartheid*, até o fim, mesmo depois da retirada de Thatcher. As análises da ONU indicam que mais de 1 milhão de pessoas morreram devido às depredações sul-africanas nos países vizinhos. Os Estados Unidos também apoiaram a invasão do Líbano por Israel, quando 20 mil pessoas foram assassinadas; e isso, onde quer que seja, é terrorismo em massa. E, claro, tentou-se mascarar a ideia de que houve uma guerra contra o terrorismo nos anos 1980, porque o resultado foi tão horroroso que se optou por suprimir essa parte da história.

Chamamos de terror o que os outros nos fazem, mas não o que fazemos com eles; essa é a definição de terror nos Estados Unidos.

George Bush reativou o termo depois do 11 de Setembro, ao dizer que travariam uma guerra contra o terror. E quais são os resultados? Bem, em 2001, quando ocorreu o ataque de 11 de setembro, os grupos terroristas se localizavam apenas numa pequena área tribal na fronteira do Afeganistão com o Paquistão; lá ficava a Al-Qaeda. Onde estão hoje? Pelo mundo inteiro! Eles se espalham toda vez que o chamado *terror* é marretado, como nesse caso. O Estado Islâmico é o resultado da invasão do Iraque pelos Estados Unidos, o pior crime deste século. A *guerra ao terror* é assim: os Estados Unidos continuam intensificando a grande campanha terrorista internacional. Antes foram os ataques com drones de Obama e, depois, de Trump, ataques que visavam ao assassinato de pessoas suspeitas de planejar fazer mal aos Estados Unidos.*

Você consegue imaginar algum outro país empreendendo um programa desse tipo? Imagine, por exemplo, que o Irã estivesse, formal e abertamente, comprometido com o assassinato de pessoas que ameaçassem o país, como proclamam os líderes políticos estadunidenses. Suponhamos que o governo iraniano dissesse: "Vamos matá-los, porque representam uma ameaça para o Irã." Consideraríamos isso legítimo? Assim foi o ataque dos drones de Obama e, depois, de Trump, que aumentou bruscamente o número de vítimas civis em ataques militares. Se prestarmos atenção em grupos como o Airwars, que tenta monitorar as vítimas civis do Iraque e da Síria, notamos que até pouco tempo atrás as suas investigações centravam-se sobretudo nas vítimas do regime de Assad e no apoio russo, mas, nessa altura, as vítimas de ataques dos EUA já superavam as de quaisquer outros. **Essa é a *guerra ao terror*. Chame como quiser, mas é um programa assassino. Basicamente, uma guerra entre terroristas.**

* Os ataques realizados por drones atingiram o auge durante os oito anos de governo de Barack Obama: foram realizados 526 ataques aéreos com drones em regiões que não estavam em situação de guerra ou conflito armado. Donald Trump ampliou esse método para ainda mais territórios. Cf. <www.bbc.com/portuguese/geral-51111636>. [*N. E. Bras.*]

No que diz respeito às drogas, se olharmos para registros antigos, veremos um longo histórico sobre o tema, mas um marco foi Richard Nixon, que lançou a *guerra contra as drogas*. **Foram feitos estudos, e o Governo sabia que a forma mais eficaz e rentável de enfrentar o problema do consumo de drogas era a prevenção e o tratamento; a ação policial é mais cara e menos eficaz. Ainda mais caro e menos eficaz é o controle das fronteiras. Por fim, menos eficazes e mais caras do que tudo isso são as operações fora do país**, como as chamadas *fumigações*, que em suma são uma guerra química, como a que se deu na Colômbia. Estas são conclusões muito bem fundamentadas, até mesmo por estudos governamentais. Mas em que gastam dinheiro? No contrário disso. Os gastos mais baixos são em prevenção e tratamento – o que funciona –, e depois volta a piorar.

Qual foi o impacto da chamada *guerra às drogas*, acelerada sob o governo de Ronald Reagan? A prevenção e o tratamento diminuíram muito, e as atividades mais violentas aumentaram. E qual é o resultado nesses anos todos? Na verdade, atualmente há uma epidemia de drogas nos Estados Unidos, e muitas não são o que chamamos de *drogas*: são medicamentos sintéticos, de laboratório, muitas vezes produzidos nos Estados Unidos, enquanto o impacto em outros países, sobretudo no México, tem sido devastador.

Então, essa é a *guerra contra as drogas*. Não é possível interpretar isso como um esforço para reduzir o uso de drogas, a menos que a população seja completamente imbecil. A ideia de usar repetidamente métodos que se sabe que vão falhar, e que de fato falham, não pode ser levada a sério, por isso temos que nos perguntar quais são realmente os objetivos. Bem, podemos especular, mas me parece que as respostas não vão surpreender. Por exemplo, na Colômbia é basicamente contrainsurgência, que tem sido devastadora para os camponeses pobres. Quando produtos químicos são pulverizados em uma área como a da Colômbia, é possível matar as plantações de drogas, mas as demais plantações também vão morrer. Pessoalmente, vi casos em que agricultores pobres, produtores de café, conseguiram desenvolver nichos de mercado na Alemanha para o café orgânico, apenas para dar um exemplo, mas depois da fumigação tudo é destruído, e eles fogem para dormir nos arredores de Bogotá. A Colômbia tem hoje uma das maiores populações desalojadas do mundo, em grande parte devido à guerra contra as drogas, que estimulou o surgimento de sindicatos ou cartéis criminosos, como aconteceu no México.

Nos Estados Unidos, esse foi um fator significativo para o aumento do nível de encarceramento. Em 1980, as taxas de encarceramento eram similares às de outros países desenvolvidos; um pouco acima, mas não muito fora da curva. No entanto, agora são muito maiores. Na verdade, é o país com a maior taxa de encarceramento *per capita* do mundo, com índices cinco a dez vezes superiores aos dos países europeus. Em grande medida, isso se deve às drogas, e isso afeta sobretudo a população negra. As comunidades negras foram devastadas pelo encarceramento de homens, principalmente. Esses são apenas alguns dos efeitos, e é factível interpretar as consequências previsíveis como deliberadas e intencionais.

8. ESTADOS UNIDOS: UM IMPÉRIO EM DECADÊNCIA?

NOAM. Bem, de modo geral o poder dos Estados Unidos está em declínio. Fala-se muito na transferência do poder para o Leste, e há algo de verdade nisso, mas é preciso ter cuidado com essa observação e analisá-la. O poder estadunidense chegou ao ápice em 1945, nunca antes havia existido tamanha concentração de poder. Os Estados Unidos tinham cerca de 50% da riqueza mundial, algo excepcional. Tinham um poder militar incomparável e aterrorizante – e estavam plenamente cientes disso. Em muitos registros da Segunda Guerra Mundial e dos anos subsequentes, encontramos planos mundiais muito sofisticados, que pretendiam organizar o mundo basicamente em função dos interesses dos setores privados estadunidenses. Esse foi um estudo cuidadoso e meticuloso, posto em prática com sucesso.

Porém, a partir de então, começou o declínio do poder estadunidense, de forma nítida em 1949, quando a China se tornou independente. Esse foi um acontecimento com grandes consequências, que os Estados Unidos chamavam de *a perda da China*. O que isso significa? Eu não posso perder algo que não é meu, certo? *A perda da China* manifesta a percepção estadunidense: "Somos os donos do mundo, e, se alguém sair do nosso controle, é uma perda." Esse tema foi muito discutido nos Estados Unidos; em geral culpava-se McCarthy pela perda da China. Quando Kennedy chegou à Presidência, a guerra no Vietnã do Sul começou a se expandir, e uma das razões era o temor de que o culpassem pela perda da Indochina. Na Guatemala foi igual, e não é necessário mencionar tudo o que aconteceu na América do Sul nos anos 1960 e

1970; isso vocês [Pepe e Saúl] já sabem muito bem. O medo de perder a América do Sul foi intolerável.

Então, gradualmente, as perdas foram aumentando e o poder, diminuindo. No início dos anos 1970, a economia internacional já era tripolar. Os Estados Unidos, de alguma maneira, se consolidaram com o NAFTA, que bloqueou o México diante das reformas neoliberais e o manteve sob o controle e o poder estadunidense. Como consequência, o México tem os níveis de renda mais baixos da América Latina desde 1994, algo que já se anunciava, e seu setor agrícola foi destruído. No entanto, outros países da América Latina conseguiram se manter um pouco mais independentes nas últimas décadas, de modo que os processos de perdas e de declínio continuam acontecendo.

Atualmente, os Estados Unidos monopolizam apenas cerca de 20% da riqueza mundial, mas este dado é enganoso; é apenas uma medição ideológica, outras medições são bem mais significativas. Quanto da economia mundial está nas mãos de corporações estadunidenses? Essa é uma medida muito mais relevante, e, **se observarmos de perto e com cuidado, veremos que as corporações dos EUA detêm 50% da riqueza mundial; lideram praticamente todos os setores da economia mundial.** E, é claro, são corporações assentadas nos Estados Unidos, de modo que recebem o apoio dos militares, dos contribuintes etc. Assim, essa é uma medição que se adapta melhor ao poderio do mundo corporativo global, com sua complexa rede de fornecedores. O poder dos Estados Unidos continua sendo extraordinário, mas não me refiro tanto ao poder nacional, e sim ao poder corporativo e empresarial. Embora essa seja uma medição pouco utilizada, é muito importante no mundo moderno.

Então, a pergunta sobre esse declínio do poder estadunidense exige uma resposta complexa. Em alguns aspectos está em declínio, mas é evidente que o aspecto militar não tem concorrência. Os Estados Unidos gastam em orçamento militar quase o mesmo que os demais países do mundo somados; sua tecnologia militar é muito mais avançada e, basicamente, neutraliza os elementos de proteção da Rússia. Este é outro elemento importante: nenhum outro país tem milhares de bases militares espalhadas pelo mundo, tropas, forças especiais que operam em dezenas de países, a milhares de quilômetros de distância; e essa é uma dimensão do poder estadunidense. De modo que há, sim, um declínio, mas fundamentalmente no que se refere à população, e não tanto em outros aspectos.

Neste momento, o que a administração republicana está fazendo é isolar os Estados Unidos do resto do mundo em relação ao tema da mudança climática, e isso terá sérias consequências, sem dúvida. Os Estados Unidos são a potência mais importante do mundo e estão se mantendo fora dos principais acordos relativos à mudança climática – o que é alarmante. Em matéria de integração econômica global, os Estados Unidos estão se afastando desses acordos, mas outros países estão ampliando os acordos comerciais. A União Europeia e o Japão estão ampliando esses acordos, deixando de lado os Estados Unidos. O Canadá também está fazendo acordos com a União Europeia.

É difícil prever, mas acredito que essa integração econômica global sob o sistema corporativo transnacional é tão densa que não será muito afetada pelos acontecimentos nacionais, e isso é o que devemos levar em conta se quisermos analisar como o mundo está se desenvolvendo. Sobretudo nos últimos vinte anos, houve mudanças substanciais na economia internacional, enquanto as corporações transnacionais desenvolvem cadeias de suprimentos muito complexas, que envolvem dezenas de países. Por exemplo, a maior empresa do mundo, a Apple, tem seus escritórios centrais nos Estados Unidos, mas a linha de montagem está na China, sob gestão de uma empresa de Taiwan [Foxconn]. Se observarmos os lucros, veremos que uma parte muito pequena fica na China, uma grande parte fica na Foxconn de Taiwan e uma parte imensa vai diretamente para a Apple, que evita pagar impostos montando um pequeno escritório na Irlanda, o qual chama de *base central de operações*.

É assim que funcionam as empresas transnacionais. Quem trabalha desenvolvendo peças e componentes desses aparelhos [celulares] não sabe nem para que empresa está trabalhando. Portanto, são trabalhadores fáceis de explorar – sem organização coletiva, facilmente substituíveis e sem qualquer poder de negociação. Cria-se, assim, um novo tipo de divisão de classe muito acentuada, e um poder enorme fica concentrado nas mãos das instituições financeiras que controlam tudo isso, gerando uma grande desigualdade entre os países. Esses são fatores relevantes aos quais devemos prestar atenção quando falamos sobre o *declínio dos Estados Unidos.*

Tem-se falado muito que a China, e também a Índia, serão as próximas potências, mas isso não é algo simples de acontecer. A China continua sendo uma nação muito pobre; a Índia, mais ainda. Se analisarmos os índices de desenvolvimento humano da ONU, que compõem uma medida bem detalhada do desenvolvimento, acho que a China está em 90º lugar e a Índia, por volta da posição 130. Esses países têm grandes problemas internos, problemas que os países ocidentais desenvolvidos não têm. Embora o crescimento chinês tenha sido substancial e a redução da pobreza tenha avançado nos últimos dez anos, ainda falta muito para a China se tornar uma verdadeira potência independente. Penso que devemos ter clareza sobre as escalas e proporções do que realmente está acontecendo.

9. AMÉRICA LATINA: UM FAROL DE ESPERANÇA?

SAÚL. Diante desse cenário, qual o papel da América Latina?

NOAM. Bem, se observarmos o período do neoliberalismo, que basicamente começou com Reagan, a América Latina foi a primeira grande vítima das reformas estruturais dos programas neoliberais, que devastaram o continente nas décadas de 1980 e 1990, as chamadas *décadas perdidas*. Isso se deu com o Consenso de Washington, e foi administrado pelo FMI, que é praticamente uma filial do Departamento de Estado dos Estados Unidos. Vocês [Pepe e Saúl] já conhecem os resultados desses anos. **Ainda assim, a América Latina foi também a primeira região do mundo a sair dessa situação, junto com a Ásia Oriental após o colapso financeiro de 1997, quando se afastava do Consenso de Washington e do FMI.** No início deste século, os governos progressistas da América Latina tomaram medidas importantes para reverter as consequências desastrosas desse período. Uma delas foi, de fato, expulsar o FMI – que já não concede tantos empréstimos à América Latina, estando mais focado na Europa –, o que implica excluir o Departamento do Tesouro dos EUA, que estava encarregado do sistema global.

Isso aconteceu em vários países, e alguns deles implementaram medidas para reduzir a pobreza de forma significativa, aumentar as oportunidades de educação e fortalecer os direitos civis. Em grande medida, sob a liderança de Lula, no Brasil, foram feitos esforços internacionais para tentar modificar a ordem internacional e dar mais destaque global ao Sul. Foi assim que se formaram os BRICS, por exemplo, um bloco separado do Consenso de Washington, e iniciado principalmente por Lula. Essas foram mudanças significativas na estrutura das decisões tomadas em escala mundial, que promoveram melhoras substanciais. Infelizmente, tudo isso foi acompanhado de erros graves, que hoje põem em risco as conquistas obtidas e ameaçam a volta às políticas desastrosas dos anos anteriores.

Um dos principais problemas na América Latina é a falta de capacidade e de liderança da esquerda para aplacar os graves níveis de corrupção endêmica. Por outro lado, a região possui muitos recursos – embora, tradicionalmente, eles sejam utilizados para enriquecer uma parcela mínima da população e investidores estrangeiros. **Esse é o outro grande erro que minou seu desenvolvimento: em todos esses anos, a América Latina continuou, mesmo sob governos de esquerda, basicamente com um modelo de produção e exportação de produtos primários**, encorajado também pela tentação – à qual deveria ter resistido – de satisfazer o crescente apetite da China por matérias-primas. Assim, o foco se restringiu à exploração da soja, do ferro etc., o que significa importar imensas quantidades de produtos manufaturados chineses a preços muito baixos, levando à destruição das incipientes indústrias locais. É assim que acabam surgindo países que têm por base a exportação de produtos primários e a importação de produtos manufaturados do exterior, prejudicando a indústria local, que não consegue competir e se desenvolver. Isso é algo que aconteceu por séculos na América Latina e que, infelizmente, continuou durante os governos de esquerda. Em alguns casos, inclusive, essa tendência até aumentou. Todos esses são problemas consideráveis, embora possam vir a ser superados.

É surpreendente comparar a América Latina com a Ásia Oriental em termos econômicos. David Félix, por exemplo, um economista internacional, produziu estudos sobre esse tema. A América Latina tem enormes vantagens em comparação com o Sudeste Asiático e, segundo padrões objetivos, deveria estar muito mais avançada. A América Latina tem uma grande riqueza de recursos naturais, o Leste Asiático, não; a América Latina não tem inimigos externos, a Ásia Oriental tem. Essas são diferenças expressivas, mas a Ásia tem seguido, desde a década de 1950, políticas muito diferentes das latino-americanas, que deram continuidade à tradição de favorecer um pequeno setor extremamente rico. As importações da América Latina são de bens de luxo, enquanto as do Leste Asiático são de bens de capital, para o seu desenvolvimento. No Leste Asiático, inclusive, foi proibida a exportação de capitais, algo que na Coreia do Sul pode ser punido com a pena de morte. Os investimentos estrangeiros são permitidos, mas rigorosamente controlados pelo governo; enquanto, na América Latina, o investimento exterior é feito, basicamente, para roubar o que for possível.

A estrutura de classes na América Latina – vocês sabem disso melhor do que eu – é definida por enormes desigualdades, a concentração de riqueza é assustadora. **Além de procurarem formas de não pagar impostos, os setores ricos dos países latino-americanos não estão interessados no desenvolvimento do seu país, mas apenas em continuar enriquecendo. No Leste Asiático isso é muito controlado, e os resultados são surpreendentes.** A Coreia do Sul, por exemplo, que na década de 1950 se equiparava a um país pobre da África, é hoje uma grande potência industrial; enquanto na América Latina isso não acontece. Houve mudanças importantes no início deste século, como vimos, mas é preciso aprofundá-las e transformar a América Latina numa região democrática mais equitativa e capaz de controlar o seu próprio destino. O FMI e as bases militares dos EUA foram expulsos, e isso é bom, mas…

Pensando no Brasil, por exemplo, as políticas de Lula não foram tão diferentes das de Goulart nos anos 1960. As políticas de Goulart levaram a um golpe de estado militar apoiado e promovido pelos Estados Unidos. Na verdade, o embaixador de Kennedy no Brasil, Lincoln

Gordon, chamou esse golpe de "uma grande vitória para a liberdade do século XX", ou seja, a resposta padrão. Quando Lula estabeleceu um programa semelhante, não podia haver um golpe de Estado. Os Estados Unidos estão relativamente mais fracos do que nos anos 1960, por conta de questões internas. Agora é maior a oposição ao imperialismo e às ameaças externas, em parte por conta do que aconteceu com a política na América Latina nos últimos anos – e isso pode avançar ainda mais, de forma coordenada e solidária na região. **A América Latina pode desempenhar um papel global significativo se conseguir se libertar do estrangulamento das medidas neoliberais.** Já houve progressos nesse sentido, e muito mais pode ser feito.

* * *

NOAM. Quais perspectivas você acha que a América Latina tem diante do retrocesso [de governos de esquerda] que vem ocorrendo?*

PEPE. Há uma forte tendência a atacar e descartar algumas conquistas sociais que, embora relativas, foram importantes, como os direitos trabalhistas, a segurança dos movimentos sindicais e as ferramentas de autodefesa dos trabalhadores. Parece-me que hoje tudo isso está em jogo em todos os países da América. Há uma tendência a descartar uma série de conquistas que os movimentos sindicais e os trabalhadores haviam alcançado e que lhes permitiam estar em condições um pouco melhores na disputa pelo capital e pela renda nacional. Em toda a América, a tendência agora é cortar, andar para trás.

NOAM. Quais são, para você, as possíveis sementes de oposição ao retrocesso e à repressão atuais?

* A conversa ocorreu em 2017.

PEPE. Acho que ainda vamos sofrer mais um pouco, mas de qualquer forma a resistência vai continuar, porque eles [a direita] não conseguem resolver os problemas de base.

NOAM. Quais são, na sua opinião, as fontes potenciais de resistência?

PEPE. Os trabalhadores e os jovens! O capitalismo, nesta fase, precisa cada vez mais de estudantes universitários. Essa batalha crescente no seio estudantil é um foco de resistência, algo contraditório para eles. Acontece no mundo: na Turquia, no Japão, na Europa, no México...

NOAM. Com relação à classe trabalhadora, aos sindicatos, ao movimento operário, você vê algum sinal de que também sejam um foco de resistência?

PEPE. Também! No Brasil é foco de resistência, no Uruguai também. É muito forte no Uruguai.

NOAM. E como é na Argentina?

PEPE. Na Argentina também é muito forte, embora exista uma tradição peronista que é eclética. Mas existe.

NOAM. Existe algum tipo de interação entre os movimentos trabalhistas brasileiro, argentino e uruguaio?

PEPE. Há uma boa relação do Uruguai com parte do movimento sindical brasileiro, e com parte do argentino também.

NOAM. Quando você foi presidente, trabalhou para desenvolver essas relações?

PEPE. Sim, claro. **Acreditamos que na América do Sul a batalha pela integração é central e tem um caminho: primeiro as universidades, integrando a inteligência, depois os movimentos trabalhistas e, então, a economia.**

NOAM. E há algum progresso nessas direções ou são apenas aspirações para o futuro?

PEPE. Temos uma relação permanente, cuidamos uns dos outros e apoiamos uns aos outros. É um acordo das nossas delegações que participam da OIT [Organização Internacional do Trabalho] e se movem pelo mundo. Por exemplo, há dois meses fui a um congresso que fizemos no Chile. Estamos lutando para conseguir a secretaria da OIT com o apoio de todos os latino-americanos. Procuramos ter uma política coordenada, e há muitas dificuldades, mas não há outro caminho. Nosso movimento sindical não está subordinado à política, aos partidos, mas também não é independente. Ou seja, não é neutro entre esquerda e direita; tem uma formação de esquerda e não de subordinação – uma clara visão de esquerda.

NOAM. Agora, como está a integração entre os países?

PEPE. Houve muitas dificuldades. Porque as preocupações nacionais enchem os governos de urgências, e o problema da integração vai sendo postergado.

NOAM. O que você pensa sobre o futuro da UNASUL [União das Nações Sul-Americanas] e da CELAC [Comunidade de Estados Latino-Americanos e Caribenhos] neste período de retrocesso? Entrarão em crise ou continuarão funcionando?

PEPE. Agora vão ficar um pouco congeladas. Na América Latina inventamos instituições, depois as congelamos e criamos outras.

NOAM. Então você acha que essas organizações vão desaparecer e outras novas irão substituí-las? Ou a UNASUL e a CELAC serão revitalizadas?

PEPE. Acho que vão ficar congeladas por um tempo, e o que vai acontecer depois dependerá da situação política na América. Mas não vão desaparecer.

NOAM. Elas estão funcionando, de alguma forma?

PEPE. Um pouco, em termos burocráticos.

LUCÍA. Depende muito do que acontecer [nas eleições presidenciais] no Brasil.*

NOAM. O Brasil não parece muito bem no momento.

PEPE. O Brasil está com um cenário complicado.

NOAM. Você mantém contato com Lula?

PEPE. Mantenho, estive lá recentemente e está uma situação… Acho que vão fazer de tudo para que ele não possa ser candidato.

NOAM. Tem a mesma opinião que você, Valeria [diz para a esposa, brasileira].

PEPE. Vão procurar uma forma jurídica de impedi-lo.

NOAM. Ele [Lula] está confiante de que poderá superar essa crise?

---

* Em 2022, Luiz Inácio Lula da Silva foi novamente eleito presidente do Brasil.

PEPE. A personalidade dele é de lutador. Ele não vai desistir, vai continuar lutando. Tudo isso faz bem para ele como pessoa, ele rejuvenesce com a luta. Lula, quando está no poder, fica cercado de burocracia. Lula, na oposição, apoia-se na sua gente, no seu povo.

NOAM. Então, qual a sua expectativa sobre o que vai acontecer no Brasil?

PEPE. Não sei. É difícil saber, porque o Brasil é muito contraditório. O que eu sei é que [Lula] tem uma influência descomunal.

NOAM. Valeria está muito pessimista em relação às chances de que no Brasil...

PEPE. Mas a direita nunca vencerá totalmente, porque a esquerda também não vencerá totalmente. É um vaivém.

NOAM. Você acha que existe a possibilidade de outro golpe militar no Brasil?

PEPE. Não... Os juízes...

NOAM. Nossa, a mesma opinião que você [diz para Valeria, surpreso].

PEPE. É principalmente isso. Agora a moralidade vem dos juízes, dos que não estão compactuados.

NOAM. Valeria pensa igual.

PEPE. Eu vejo assim também, mas... tem algo de fascismo.

NOAM. Acho que essa é uma definição legítima.

PEPE. A moralidade [dos conservadores], dos puritanos.

NOAM. O PT [Partido dos Trabalhadores] sacrificou uma oportunidade real. Acha que vão sacrificar uma enorme oportunidade caindo – novamente – na armadilha da corrupção, do mau planejamento econômico e da falta de foco na diversificação da economia?

PEPE. Acho que o maior aliado do capitalismo nesta fase é a cultura que ele gerou. Ela se infiltra na sociedade e também está enraizada nas pessoas comuns da esquerda.

NOAM. Então você não vê alternativa?

PEPE. Acredito que as alternativas aparecem. Nem tudo é tão obscuro. Tem muita gente jovem, e também tem gente que viveu e está de volta.

NOAM. Existe uma consciência geral das alternativas? Existe consciência entre os segmentos da população de que alternativas podem ser construídas?

PEPE. Em parte, existe. Existem correntes que orientam.

NOAM. O que você acha do espaço conquistado pelo MST [Movimentos dos Trabalhadores Rurais Sem Terra] no Brasil? Acha que é uma possibilidade de resistência?

PEPE. Acho, é um movimento muito interessante, que não prescinde da luta. Tem uma parte que é a melhor do MST, de esquerda. Acho que estão bem localizados e que têm capacidade de mobilização. Não me parece que tudo esteja perdido, vejo que há uma luta difícil, mas tivemos tempos muito mais difíceis na América. Escapar de uma ditadura, por exemplo. Vejo que temos problemas, mas não estamos perdidos.

NOAM. Bem, isso com certeza. Acha que as conquistas do governo Lula na redução da pobreza e na área da educação, entre outras, serão mantidas neste momento de retrocesso?

PEPE. Não, tudo vai regredir agora. Há uma tendência regressiva em questões como a estabilidade no emprego, os direitos trabalhistas, o estado de bem-estar social etc., e isso se nota no mundo inteiro, inclusive é forte na Europa. Então, acho que vamos atravessar um período de grande convulsão. Mesmo as reformas de Macron, na França, também não serão fáceis.

NOAM. Bem, por alguns anos pareceu que a América Latina poderia ser um farol de esperança, uma região que lideraria esse esforço mundial. É por isso que o retrocesso da América Latina é um fenômeno tão grave. É importante recuperar o que se alcançou, porque, por enquanto, mesmo que em pouco tempo, muito já foi perdido.

PEPE. Sim, acho que a história da humanidade é assim. Esquerda e direita são termos muito recentes, usados da Revolução Francesa para cá, mas sempre houve um lado equitativo e civilizatório e outro conservador. Acredito que a luta vá continuar e estou confiante: nunca vamos triunfar totalmente, mas também nunca vão nos derrotar por completo; vamos subindo uns degraus.

A próxima grande dificuldade na América será na Argentina.

NOAM. Argentina? Por que diz isso?

PEPE. O movimento peronista é forte, tem uma base social muito forte. Quando está no governo, se divide; quando está na oposição, se aglutina – e quando está aglutinado é insuportável.

NOAM. Você acha que restará algo dos esforços dos trabalhadores argentinos para ocupar fábricas e outras empresas? Isso pode se desenvolver?

PEPE. Sim, sim, com certeza. A coisa vai ficar violenta. No Uruguai, não acho que seja tão dramático. O Uruguai é um país… Não é reacionário, é uma peneplanície... Tudo é suave, mais suave [diz, sorrindo].

SAÚL. Falávamos da América Latina e dos seus governos progressistas. Seus acertos, seus erros, seu futuro…

PEPE. Acredito que o que eles fazem [Néstor Kirchner, Hugo Chávez, Rafael Correa, Evo Morales e outros] tem importância para o futuro da América. Evo tem sido um bom administrador, mantém a economia muito equilibrada. A Bolívia fez grandes progressos em comparação ao que era.

NOAM. E você acha que isso é sustentável?

PEPE. Acho, sim.

NOAM. O próximo problema da Colômbia é se as comunidades que foram de alguma forma protegidas pelas FARC [Forças Armadas Revolucionárias da Colômbia], mesmo que se opusessem a elas, conseguirão sobreviver às invasões das empresas de minérios internacionais e do agronegócio, que haviam sido bloqueadas pelas FARC. Estive no sul da Colômbia trabalhando com algumas dessas comunidades. Isso me preocupa muito.

PEPE. Entendo, é um perigo. E, se o processo de paz não for acompanhado de uma política fundiária e de fomento à vida camponesa, é difícil que a paz possa se firmar na Colômbia, porque há muitos interesses favoráveis à manutenção do conflito.

NOAM. Visitei várias vezes uma comunidade muito pobre e remota em La Vega, no sul da Colômbia. Logo na entrada do povoado há um cemitério pequeno, só cruzes; é um cemitério simples, de pessoas assassinadas pelos paramilitares. Essa comunidade também considera as FARC um inimigo, mas elas estão tentando proteger seus recursos hídricos, entre outros, da invasão das empresas de mineração. As pessoas da comunidade temem, com o processo de paz, perder a capacidade de proteger seus próprios recursos das grandes multinacionais que tinham sido expulsas no conflito com as FARC. Esse é um problema seríssimo em muitas regiões da Colômbia.

SAÚL. É isso mesmo, e serão necessários acordos regionais e globais para oferecer essas condições. Como podemos construir esses acordos?

NOAM. Acho que podemos fazer isso com as oportunidades disponíveis. Por exemplo, pensemos na América Latina durante os dez ou quinze anos de real progresso com governos de esquerda; nesse período, foram dados passos em direção a acordos regionais. Por exemplo, a decisão de excluir o FMI da América Latina foi um acordo regional muito positivo, afinal, o FMI é o Departamento do Tesouro dos Estados Unidos – o acordo para eliminar as bases militares estadunidenses foi importante. A CELAC nunca funcionou de verdade, mas a ideia era boa: libertar a América Latina dos Estados Unidos e do Canadá, e promover o avanço de programas que são realmente necessários na região. E tudo isso pode se estender.

A União Europeia, com todos os seus defeitos, oferece grandes contribuições. Afinal, esta é a primeira vez, em centenas de anos, que os países europeus não estão empenhados em destruir-se uns aos outros, e isso não é pouca coisa. É algo que pode continuar a ser desenvolvido. Não faltam oportunidades, mas será necessário compromisso e ativismo popular para avançar nessa direção. Tomemos como exemplo o

Acordo de Paris sobre o aquecimento global, que é insuficiente, mas é o primeiro acordo global relevante para tomar medidas sérias em relação a um grande problema do mundo; ou o Tratado de Proibição Total de Testes Nucleares [CTBT], que proibiu testes nucleares e ameaças de uso de armas nucleares. São acordos globais significativos.

SAÚL. Senhor Pepe, com relação aos acordos regionais e à América Latina em particular, o que o senhor tem a nos dizer sobre o processo de integração?

PEPE. Acho que, indiretamente, a política do senhor Trump vai nos ajudar um tiquinho, porque está isolando os Estados Unidos, tendendo a fechá-lo. E isso se refletiu na Europa também. A Europa está procurando se aproximar da América Latina, e os países da América Latina têm se aproximado entre si. Já não é um problema da esquerda apenas, é um problema de quase todos, porque a presença de uma China com grandes demandas e compradora na América Latina é cada vez mais forte e evidente, e para nós isso é bom, embora perigoso.

NOAM. Muito perigoso!

PEPE. Precisamos de outra balança [mercado], e essa balança pode ser a Europa. Também temos que dar bola para a África, é preciso prestar muita atenção na África: a África, para o bem e para o mal, é um vulcão! Não podemos viver de costas para ela. O Brasil percebeu isso e começou a dar a bola para a África. Cuba sangrou pela África, que lá tem um prestígio incrível. Os presidentes compareceram ao funeral de Fidel – a quantidade de africanos presentes era impressionante, e Cuba é pequena. A Nigéria é um país que, se continuar nesse ritmo, vai alcançar a China dentro de poucos anos, é impressionante! A aristocracia nigeriana consome carne inglesa e queijos franceses. Puta que pariu!

Você está entendendo? Digo, até como mercado... Porque a gente acha que o único mercado está no Norte. É preciso olhar um pouco para o resto do mundo.

NOAM. A América Latina já sofreu esse tipo de perigo, é uma das coisas que prejudicou o Brasil, por exemplo. O fato de que a China estivesse disposta a comprar produtos primários em massa desorientou seriamente o Partido dos Trabalhadores no Brasil. O mesmo aconteceu com os Kirchner na Argentina, que, em vez de diversificarem a economia, concentraram-se na exportação de produtos primários – o que, é claro, significava importar bens manufaturados baratos que enfraqueciam suas indústrias de manufatura nacionais –, e o mesmo aconteceu na Venezuela. O resultado é que agora as economias são, de algum modo, mais primitivas do que antes do período de crescimento e desenvolvimento dos últimos dez ou quinze anos; tudo porque permitiram que o apetite chinês por bens primários destruísse as suas próprias economias. Essas são inseguranças que têm que ser superadas.

PEPE. É por isso que precisamos nos integrar a outras alternativas.

NOAM. Sim, sem dúvida!

PEPE. É verdade, esse é o perigo.

SAÚL. Senhor Pepe, por que a integração poderia ser uma alternativa a tudo isso?

PEPE. Porque é fundamental ter uma escala técnica, uma escala científica e uma escala de massa [populacional] que possam lidar com o mundo de hoje, um mundo que se configura em grandes blocos políticos e econômicos; essa é a única maneira de competir. Mas é preciso juntar essas forças, porque nós, latino-americanos, chegamos atrasados e estamos correndo atrás. As pessoas do Norte levam uma enorme vantagem sobre nós no campo da pesquisa e do conhecimento. Temos que integrar as universidades latino-americanas, temos que integrar a inteligência e a sua geração [diz, olhando para Saúl]. Se não integrarmos a inteligência, nunca integraremos a América. E, veja, talvez não exista na Terra uma convergência potencial como a que a América Latina representa. Estamos a enormes distâncias e temos enormes diferenças, sim, mas temos o capital de uma língua partilhada e a história da Igreja Católica; e olha que eu sou ateu, mas essa tradição está na base da América e tem uma língua partilhada.

Não existe nenhum grupo humano com as dimensões da nossa América Latina que tenha essa quantidade de coincidências e características em comum, e isso é uma riqueza inestimável. Nem a China – que tem várias línguas, embora seja um império de 5 mil anos – tem esse tesouro estratégico. No meio dos infortúnios, herdamos a mesma língua – embora o português [no Brasil] seja uma língua diferente, mas nem tanto se você falar devagar. Ou seja, temos muitas coisas contra nós, sim, e a nossa balcanização está na consciência, porque, quando a América Latina nasceu, cada porto organizou um país; e assim nascemos conectados com o mercado mundial sem antes nos conectarmos entre nós mesmos. Reverter esse processo é uma mudança cultural demoradíssima, mas foquemos nas universidades, miremos no foco da inteligência.

SAÚL. É uma grande oportunidade, e acho que o ano de 2018 e as circunstâncias globais estão nos empurrando para a integração regional, ou pelo menos estão nos dando alguma luz nesse sentido.

NOAM. Corrijam-me se estiver errado, mas, até onde sei, a UNASUL nunca assumiu o problema de se concentrar na exportação de produtos primários e na importação de produtos manufaturados baratos, que destruiu as indústrias manufatureiras nacionais. Isso alguma vez foi levado em conta?

PEPE. Não. Houve muito discurso, mas nenhuma política. **Os governos estão sempre preocupados com quem ganhará as próximas eleições. Os governos da América Latina tendem a olhar a curto prazo e não veem o que é importante a médio e longo prazo.** Não somos chineses – estamos bem longe dos chineses, que não têm pressa e veem tudo a distância [ri, ironicamente].

Há quatro países que são fundamentais para o processo de integração regional. São eles, por ordem: Brasil, México, Argentina e Colômbia. A Argentina, por exemplo, não é tão poderosa em massa, mas é riquíssima, assustadoramente rica. Quando você estuda economia, tem que estudar uma economia para o mundo, mas para entender a Argentina você tem que estudar outra economia. Porque... sabe o que a Argentina tem? Você vai para Santa Fé e tem 9 milhões de hectares de solo [tipo] 1.* Você sabe o que é isso? Isso vale mais do que petróleo e qualquer outra coisa. É um solo plano, dois metros e meio da terra mais fértil que existe, inesgotável. Isso permitiu à Argentina fazer bagunças e extravagâncias de todo tipo. Produzem alimentos para 300 milhões de habitantes, mas poderiam facilmente produzir para 1 bilhão. Há uma anedota popular no Rio da Prata: quando Deus estava fazendo a Argentina, deu tantas coisas, que São Pedro lhe disse: "Não, espere, você está dando demais." E Deus respondeu: "Não se preocupe, nessas terras vou colocar os argentinos" [ambos começam a rir].

Pois bem, e a Colômbia... Tem 12 milhões de camponeses pobres, 22 milhões de trabalhadores dos quais, com sorte, 1 milhão vai se

---

* O solo tipo 1 tem textura arenosa, com o teor mínimo de argila igual a 10% ou menor que 15%. Compreende terras cultiváveis, com problemas simples de conservação e melhoramento. [*N. E. Bras.*]

aposentar. Sessenta por cento das terras não têm título de propriedade. Imagine que há lugares como Chocondo, o lugar onde mais chove no mundo. Aquilo é uma estufa gigantesca, tem de tudo. Tem até lugares nas florestas que a luz do sol nunca alcança. Um empório de vida e dos desafios que ela traz! Há lugares onde o grande problema da guerrilha não são as balas, são as pragas; é preciso ter antibióticos e coisas assim, porque é a vida na sua expressão máxima, em todos os sentidos. Essa é a nossa América.

SAÚL. Sem dúvida. Em particular, estou com o México e o Brasil na cabeça.

PEPE. Claro, é a minha preocupação constante. Sempre enchi a cabeça deles [dos presidentes] com isso. Almocei com Peña Nieto quando ele acabara de assumir. Ele foi para o Chile e depois veio para cá, para o Uruguai e, bem, eu o enchi tentando aproximá-lo um pouco mais do Brasil. E no Brasil também fiz um esforço fodido para que parassem de desconfiar do México. Quanto mais distantes estivermos, pior ficamos. E o México, nossa, que desgraça! A afirmação de Porfirio [Díaz] continua valendo: "Tão longe de Deus e tão perto dos Estados Unidos." Faça-me o favor! O México entra com os mortos, e o dinheiro vai para o Norte, porque o mercado da droga está lá!

SAÚL. Pepe, e como o senhor vê a esquerda no México?

PEPE. A esquerda no México? O que você me diz sobre López Obrador?

SAÚL. Acho bom que ele tenha afastado os partidos políticos de esquerda que tínhamos; eles existiam apenas para fazer o jogo da direita. Se olharmos para as eleições anteriores, tanto de 2012 como de 2006, esses partidos "aliados", como o PRD [Partido da Revolução Democrática], eram um obstáculo. Acho que López Obrador percebeu a tempo que era necessário criar um novo polo e criou o seu partido, o Morena [Movimento Regeneração Nacional].* Acho que fez bem. E agora vemos empresários, jornais dos EUA e outros cartazes dizendo: "Vai chegar lá" [em referência à possível vitória de López Obrador em 2018].

PEPE. E o efeito Trump vai ajudá-lo [López Obrador]. Está sendo um impulso.

SAÚL. Sim, e Peña Nieto também o ajuda.

PEPE. Também, é claro, fez cada cagada!...

SAÚL. Vejo três coisas em López Obrador que me parecem incomuns no México: é um cara honesto, comprometido e que tem experiência. No entanto, não me parece que ele vá ser a solução absoluta, de maneira nenhuma.

PEPE. Não, claro que não! Nenhuma pessoa sozinha.

SAÚL. Ninguém sozinho pode ser a solução. E, sim, de fato, um grande problema do México é a corrupção, como diz López Obrador. Mas, para mim, no México e em qualquer lugar, o principal objetivo deve ser aumentar a participação das pessoas nas decisões, como vínhamos falando, ampliar a participação popular, a autodeterminação coletiva. É aí que

* O Partido da Ação Nacional (PAN), o Partido da Revolução Institucional (PRI) – ambos no espectro da direita – e o Partido da Revolução Democrática (PRD) – no espectro da esquerda – são os partidos tradicionais da política mexicana. O Movimento Regeneração Nacional (Morena), de esquerda, foi fundado em 2011 com o objetivo de apoiar a candidatura de Andrés Manuel López Obrador à Presidência em 2012 – eleição da qual Enrique Peña Nieto, do PRI, foi vencedor. Obrador venceu o pleito, em 2018. Em 2024, Claudia Sheinbaum, também do Morena, foi eleita a primeira mulher presidente do México. [*N. E. Bras.*]

concentro a minha atenção, mas com essas três coisas que vejo em López Obrador acho que é possível avançar à beça. Veremos o que acontece. Se ele não entender isso, se López Obrador e a esquerda em geral não se unirem para, como estratégia central, transferir o poder de decisão para o povo, pode ser que ganhem as eleições e que tenhamos alguns presidentes progressistas, mas, na realidade, assim nada vai mudar nunca. E o pior é que esses presidentes progressistas são exceções históricas no México; em geral, a direita volta e se instala durante décadas. Um fator inédito e interessante no atual eleitorado mexicano é que, pela primeira vez, todos sabem que o PRI [Partido da Revolução Institucional] e o PAN [Partido da Ação Nacional] são a mesma coisa. Já viveram setenta anos de PRI, depois dois mandatos de seis anos do PAN e, em seguida, o PRI voltou, com Peña Nieto. E agora, pela primeira vez, há esta clareza: são a mesma coisa. É a primeira vez que o eleitorado mexicano enxerga isso – somado a Trump, somado a Peña Nieto, à queda do peso mexicano, à violência do narcotráfico, à enorme corrupção… Enfim.

PEPE. É verdade. Isso é muito sério.

SAÚL. Mas parece que o México está prestes a mudar definitivamente. Algo vai acontecer.

PEPE. É, algo vai acontecer.

SAÚL. Você acha que pode haver uma confluência Lula-Obrador?

PEPE. Acredito que sim. E é fundamental, apostamos a vida nisso. Sou muito amigo do Lula, não conheço López Obrador. Quando estive no México [outubro de 2016], não quis me envolver, porque não havia o panorama que existe hoje [janeiro de 2017]. Agora o México está muito mais polarizado, a deterioração é galopante.

SAÚL. É que a irritação se acumulou de maneira exagerada.

PEPE. Um traço cultural impressionante do México é que o país tem a tradição de reunir e aceitar pessoas que venham de todos os lugares. Não sei se foi porque Cárdenas recebeu 1 milhão de espanhóis que essa ficou sendo uma marca da cultura mexicana.* Tive muitos compatriotas que viveram no México na época da ditadura e foram tratados de forma impecável, mas com a seguinte condição: "Não se meta na política mexicana." Isto é característico do México: muito respeito e proteção, mas não se meta na política. Então, procurei manter essa distância.

SAÚL. Mas o que acha de Felipe Calderón? Ele, sim, vai e se mete na Venezuela e em tudo quanto é lugar.

PEPE. Se mete em tudo quanto é lugar mesmo, nisso estamos em sintonia. Pode-se ficar neutro até um dado momento, depois não mais. Eu, por exemplo, não quero me envolver na política brasileira, mas sou amigo do Lula. E reparem que tenho admiração pelos mexicanos – mesmo que pareça mentira –, porque tenho visto o comportamento de todos os latino-americanos dentro dos Estados Unidos, e os mexicanos são os que mantêm a identidade. Talvez seja o lado asteca, o substrato indígena que ali se mistura, não sei, mas o México é uma fortaleza cultural. Existe uma marca mexicana, apesar de todos os pesares, porque foi agringalhado e tudo mais… Por isso que Porfirio disse: "Pobre México! Tão longe de Deus…"

SAÚL. "…e tão perto dos Estados Unidos."

* O revolucionário nacionalista Lázaros Cárdenas del Río foi presidente do México entre 1934 e 1940. Em seu governo, marcado por reformas sociais alinhadas com as necessidades da classe trabalhadora, o país esteve aberto para receber refugiados políticos, entre eles, combatentes da Guerra Civil Espanhola e o líder bolchevique Leon Trótski. [*N. E. Bras.*]

[1]

[2]

[1] Passeata do *Yo Soy 132* na avenida Paseo de la Reforma, na Cidade do México. Maio de 2012. Fotografia: Seção Cidade do jornal *Reforma*.
[2] Julian Assange manifesta seu apoio ao *Yo Soy 132*, de dentro da Embaixada do Equador em Londres (Inglaterra). Fotografia: Cristina Rodríguez, do jornal *La Jornada*.

[3]

[**3**] Pelo sul, sobrevoando o rio Amazonas. 2013.
[**4**] Por cima. Explorando os Andes bolivianos. 2014.
[**5**] Por dentro. Nos arredores da cidade de Urcuquí, no Equador. 2016. Fotografia: Jorge Andrés Gómez Valdez.

[4]

[5]

[6]

[**6**] Retrato e citação de Bertrand Russell, citação do arcebispo Óscar Romero, retrato do poeta Rabindranath Tagore e um boneco zapatista. Sala de Noam Chomsky no Instituto de Tecnologia de Massachusetts (MIT), Boston, Estados Unidos. Outubro de 2016. Fotografia: María Ayub.
[**7**] Mesa de Noam Chomsky em sua sala no MIT, Boston, Estados Unidos. Outubro de 2016. Fotografia: María Ayub.
[**8**] Noam Chomsky e Saúl Alvídrez. Sala de Noam Chomsky no MIT, Boston, Estados Unidos. Outubro de 2016. Fotografia: María Ayub.

[7]

[8]

[9]

[10]

[11]

[9-11] Casa de Pepe Mujica, Rincón del Cerro, Uruguai. 12 de janeiro de 2017. Fotografia: Emiliano Mazza De Luca.

[12]

[13]

[12-13] Pepe Mujica e Lucía Topolansky esperando seus convidados. Rincón del Cerro, Uruguai. Julho de 2017. Fotografia: María Secco.

[14]

[15]

[14-15] Chegada de Noam Chomsky e Valeria Wasserman à casa de Pepe Mujica e Lucía Topolansky em Rincón del Cerro, Uruguai. Julho de 2017. Fotografia: María Secco.

[16]

[17]

[16-17] Pepe Mujica presenteia Noam Chomsky com uma réplica do diário que Che Guevara mantinha à época em que foi preso, e depois assassinado, na Bolívia. Rincón del Cerro, Uruguai. Julho de 2017. Fotografia: María Secco.

[18]

[19]

[18] Pepe Mujica leva Noam Chomsky e Valeria Wasserman ao *quincho* (cabana) de seus vizinhos, a família Varela, onde costumam receber seus convidados e compartilhar um tradicional churrasco. Rincón del Cerro, Uruguai. Julho de 2017. Fotografia: María Secco.
[19-20] Antes de saborear o churrasco, Noam e Pepe continuam a conversa que não tinham terminado na casa da família Mujica. *Quincho* dos Varela, Rincón del Cerro, Uruguai. Julho de 2017. Fotografia: María Secco.

[20]

[21]

[23]

[24]

[22]

[25]

[21-22] *Quincho* dos Varela, Rincón del Cerro, Uruguai. Julho de 2017. Fotografia: María Secco.
[23] Nos bastidores da filmagem. Pepe Mujica, Saúl Alvídrez e Noam Chomsky. *Quincho* dos Varela, Rincón del Cerro, Uruguai. Julho de 2017. Fotografia: María Secco.
[24] O churrasco está quase pronto. *Quincho* dos Varela, Rincón del Cerro, Uruguai. Julho de 2017. Fotografia: María Secco.
[25] Depois da refeição, a conversa continua. *Quincho* dos Varela, Rincón del Cerro, Uruguai. Julho de 2017. Fotografia: María Secco.

[27]

[26-27] Há olhares que dizem mais que mil palavras. *Quincho* dos Varela, Rincón del Cerro, Uruguai. Julho de 2017. Fotografia: María Secco.

[28]

[28] O dia está quase acabando. *Quincho* dos Varela, Rincón del Cerro, Uruguai. Julho de 2017. Fotografia: María Secco.

[29]

[30]

[29-30] Dirigindo a filmagem e traduzindo a conversa. *Quincho* dos Varela, Rincón del Cerro, Uruguai. Julho de 2017. Fotografia: María Ayub.

[31]

[32]

[31-32] *Quincho* dos Varela, Rincón del Cerro, Uruguai. Julho de 2017. Fotografia: María Secco.

[33] 

[34] 

[35] 

[33-35] *Selfies* de Lucía Topolansky, Valeria Wasserman, Noam Chomsky e Pepe Mujica. *Quincho* dos Varela, Rincón del Cerro, Uruguai. Julho de 2017. Fotografia: María Secco.
[36] *Quincho* dos Varela, Rincón del Cerro, Uruguai. Julho de 2017. Fotografia: María Secco.

[37]

[38]

[**37-38**] Carro de Pepe Mujica. Rincón del Cerro, Uruguai. Julho de 2017. Fotografia: María Secco.

[39] 

[39] Equipe de filmagem. Julho de 2017. Fotografia: María Secco.

[40]

[41]

[40-41] Gabinete do senador Pepe Mujica. Parlamento da República, Montevidéu, Uruguai. Julho de 2017. Fotografia: María Secco.

[42]

[43]

[42-43] Chegando à conferência. Prefeitura Municipal de Montevidéu, Uruguai. Julho de 2017. Fotografia: María Secco.
[44] Hotel Radisson, Montevidéu, Uruguai. Julho de 2017. Fotografia: María Secco.

[45]

[46]

[45] Preparação do sistema de tradução simultânea. Conferência de Noam Chomsky na Prefeitura Municipal de Montevidéu, Uruguai. Julho de 2017. Fotografia: María Secco.
[46-47] Conferência de Noam Chomsky na Prefeitura Municipal de Montevidéu, Uruguai. Julho de 2017. Fotografia: María Secco.

[48]

[49]

[50]

[51]

[48-51] Conferência de Noam Chomsky na Prefeitura Municipal de Montevidéu, Uruguai. Julho de 2017. Fotografia: María Secco.

[52]

[53]

[54]

[55]

[52-55] Roger Waters, Noam Chomsky, Pepe Mujica e Saúl Alvídrez em reunião virtual (Zoom). Agosto de 2022.

[56]

[57]

[56] Depois do show. Com Roger Waters na Cidade do México. Outubro de 2022. Fotografia: Julio Morales.
[57] Conversa incrível com Gabriel Shipton e John Shipton (irmão e pai de Julian Assange) no hotel Hilton, na Cidade do México. Setembro de 2022. Fotografia: María Ayub.

PEPE. O que os Estados Unidos fizeram com a história do México é uma barbaridade, é inesquecível para qualquer mexicano. Mas, bem, vamos ajudar no que pudermos.

E Trump quer colocar um muro, certo? [começa a rir]. Há pouco tempo me disseram em Tijuana: "Podemos construir e até pagar pelo muro, mas será feito na fronteira antiga" [todos riem].

SAÚL. Ah, bom, assim, sim. Acho uma ideia excelente!

PEPE. Três dólares e cinquenta centavos de diária na *maquila* de Tijuana. Isso não paga nem meia hora para um assalariado americano. É de foder.

SAÚL. Acho até que no México temos o segundo salário mínimo mais baixo da América Latina. Mas há tanta dor, tanto sofrimento, tanto esmagamento do povo mexicano, que estamos num clímax.

PEPE. E tudo isso é importante por causa de Sanders e porque até 2035 os Estados Unidos serão a maior nação de língua espanhola do mundo. Há uma batalha dos ventres latinos no Norte.

SAÚL. Estamos vencendo essa batalha.

PEPE. É a mesma coisa que vai acontecer na Europa. A Europa termina café com leite [risos]. Atacam os negros, mas não, não...

SAÚL. E, enquanto isso, a América Latina, com um mercado e uma força de trabalho jovens, uma população de mais de 600 milhões de habitantes, recursos naturais...

PEPE. Temos um colosso! Nós, no Uruguai, somos 3,5 milhões de habitantes, mas este país produz alimentos para 30 milhões de habitantes, e sem muito esforço – poderia produzir mais. É difícil, é muito duro, e vai haver muitos cataclismos e mais dores, mas há esperança também, há esperança.

SAÚL. Porque tem gente comprometida, Pepe, mas é importante que os jovens também saibam disso, porque a integração latino-americana não vai acontecer por osmose.

PEPE. Claro, por osmose, não! Porque, quando falamos da integração latino-americana, estamos falando de um cataclismo geopolítico, complexo, porém urgente.

* * *

SAÚL. Professor Chomsky, neste contexto internacional, o que o senhor poderia nos dizer sobre o México e o processo latino-americano em geral?

NOAM. Bem, também acredito que a frase de Porfirio Díaz continua sendo verdadeira. Estando tão perto dos Estados Unidos, o México foi capturado e integrado ao Acordo de Livre Comércio da América do Norte [NAFTA], e, desde então, tem praticamente a menor taxa de crescimento da América Latina. Seu setor agrícola foi devastado, como já se previa, e isso provocou um grande fluxo de migrantes, pessoas que fugiram de condições de vida duras.

O problema do narcotráfico no México tem base nos Estados Unidos. Tanto a procura de drogas como a oferta de armas provêm principalmente dos Estados Unidos, mas estão fazendo picadinho do México. Enquanto não terminar esta suposta *guerra às drogas*, que os Estados Unidos travaram e que causa grandes danos a toda a América Latina, mas sobretudo ao México, enfim, até lá o México continuará enfrentando problemas gravíssimos. Nas cúpulas regionais, os países latino-americanos mostraram esforços para escapar do cenário da guerra dos Estados Unidos contra as drogas. O Uruguai deu passos significativos [a legalização da *Cannabis* no governo de Mujica] e outros países também, mas o México não aderiu – e deveria fazê-lo. E, sim, o México tem muitos problemas internos, mas não são insuperáveis, embora complexos.

10. EUROPA: TÃO LONGE DA RÚSSIA E TÃO PERTO DOS ESTADOS UNIDOS?

PEPE. O que mais me assusta é a impotência da Europa ao se transformar num polo incapaz de decidir por si próprio.* É incrível. Aqueles velhos conservadores, como De Gaulle, que pensavam que a Europa chegava até os Montes Urais… Naturalmente, a paz da Europa deveria ter incluído a Rússia, em vez de segregá-la, mas o que fizeram foi atirá-la para o outro lado; estão dando a Rússia de presente para a China. Do ponto de vista geopolítico, são uns idiotas [risos], idiotas… Não estou falando de princípios, mas de interesses.

NOAM. Mas mudanças ainda mais drásticas estão por vir. A ordem mundial está se reorganizando, em parte como resultado da guerra na Ucrânia. Se olharmos bem, desde 1945 o papel da Europa no sistema global está em jogo. Será que a Europa vai se tornar um terceiro jogador no sistema internacional, ou permanecerá subordinada aos Estados Unidos no âmbito da aliança da OTAN? Charles de Gaulle foi o mais notável promotor da independência europeia, embora tenha sido sempre superado pelo poder estadunidense. Após a queda da URSS, esse se tornou um tema central. Mikhail Gorbachev defendia uma casa comum europeia, de Lisboa a Vladivostok, tendo a Rússia e os países orientais como parceiros de mesmo peso para o desenvolvimento pacífico e cooperativo da Eurásia, mas os Estados Unidos pressionaram pela OTAN, que, desde Clinton, começou a crescer – o que nos põe dentro do conflito que

---

* Declarações de 2022.

vemos agora na Ucrânia. Putin, com sua estupidez criminosa, colocou a Europa no bolso dos Estados Unidos, fortalecendo a destrutiva OTAN.

Mas tudo isso acarreta um grande problema: **se a Europa continuar dependente das decisões de Washington, se atrasará muito**. Esse declínio da Europa já está acontecendo, mas a tentação de se acomodar de outra forma, para preservar os enormes fluxos de exportação para a China e o acesso aos recursos russos e da Eurásia, permanece e aumentará. Assim, em breve, a Europa terá que decidir entre o seu declínio como satélite dos Estados Unidos, ou concretizar algum tipo de casa comum europeia. Essa decisão será, sem dúvida, um fator central para o próximo sistema global.

PEPE. Sim. Estou chocado com a decadência política da Europa, a tal ponto que podemos sentir "nostalgia", entre aspas, dos velhos conservadores que a Europa teve; mas que, pelo menos, viam um pouco mais à frente, mantendo um pouco mais de dignidade. Justamente como De Gaulle, que dizia que a Europa chegava aos Montes Urais, mas tinha noção de que um processo de paz precisava, inevitavelmente, incluir a Rússia como parte da Europa. Contudo, a estupidez da OTAN ao dissolver o Pacto de Varsóvia foi um passo sem a menor perspectiva política a longo prazo. E penso que, por trás de tudo isso, estamos assistindo a uma espécie de duelo em que os Estados Unidos temem perder a supremacia para a China.

11. CHINA: O FIM DA HEGEMONIA ESTADUNIDENSE?

PEPE. Há pouco tempo estive de novo na China. É outra China.

NOAM. Estive lá há cerca de dois anos e, bem, ainda há muita pobreza.

PEPE. Sim! No interior tem muita pobreza.

NOAM. Apesar de seu grande desenvolvimento, continua sendo um país relativamente pobre, com sérios problemas ecológicos, entre outros.

PEPE. Seríssimos, como falta de água doce, muita contaminação e muito uso de carvão.

NOAM. Estão seguindo um plano de desenvolvimento bastante pontual, mas enfrentam grandes dificuldades.

PEPE. Sim, [os chineses] são muito tenazes.

NOAM. Estive em Pequim, e todos os dias erguiam um novo arranha-céu. Mas, por outro lado, se você vai mais para o interior do país, descobre que ele ainda é muito pobre. Há projetos de desenvolvimento que vão da Ásia Central até a Europa, projetos superambiciosos, que podem se transformar em algo com importância geopolítica. Por outro lado, os conflitos no mar da China Meridional podem se tornar muito perigosos, e não há solução simples para isso. Ou seja, há um conflito pelo controle do mar que se estabeleceu no período imperial. O Japão controla uma grande parte do Pacífico e do Pacífico Sul desde os tempos em que tinha poder imperial. É claro que os Estados Unidos também controlam uma grande parte, e a China tenta dominar a sua própria região. Esse é um conflito difícil de se resolver.

PEPE. Há outro ponto perigoso do conflito: o que acontece no planalto tibetano com a água. Vai em direção aos rios Ganges, Mekong e Amarelo. Haverá uma grande e perigosa disputa por água doce. Os chineses estão fazendo obras monumentais para levar água ao deserto, em direção a Pequim.

NOAM. O Himalaia também é a fonte de água doce da Índia?

PEPE. Sim. É o terceiro polo.

NOAM. E o derretimento das geleiras do Himalaia poderá ser um problema para toda a Ásia.

PEPE. Sim, por isso. Para a Ásia e para a humanidade.

NOAM. Especialmente para a Índia e o Paquistão, que têm as mesmas fontes de água. E, claro, todos eles têm armas nucleares.

PEPE. São milhões, milhões de pessoas.

LUCÍA. E o Vietnã. O Vietnã também.

III.

VALORES PARA O SÉCULO XXI

12. AMOR E VIDA

SAÚL. Professor, para o senhor, o que significa uma vida bem vivida?

NOAM. Bem, podemos começar a responder isso com o que diz Omar Khayyám: "Um pão, uma jarra de vinho e aquela pessoa" [abraça Valeria e sorri]. E a partir daí, seguimos.

SAÚL. Senhor Pepe, o que é o amor?

PEPE. O amor?! Bem, na minha idade é um doce hábito, um hábito acolhedor, gostoso. Acredito que, como todas as coisas, o amor tem idades. O tempo opera sobre todas as coisas. O amor chega e muda: é vulcânico quando somos jovens, e, na minha idade, o definiria como um doce hábito; como um acostumar-se com coisas cotidianas que parecem não ter importância, mas que, no fim, são as únicas que importam [sorri junto com Lucía].

SAÚL. Professor Chomsky, o que o senhor pensa sobre o amor?

NOAM. Não acredito que o amor mude com o tempo. Se voltarmos aos clássicos, a Homero, os gregos foram à guerra porque roubaram Helena. Penélope então teceu tapetes durante dez anos esperando o retorno de Odisseu. Ou seja, às vezes você pode estar esperando por algo sem saber que está esperando. Esperei por muitos anos antes da Valeria aparecer, e de repente conheci um novo tipo de amor. Acho que o amor é permanente.

SAÚL. Vocês [Noam e Valeria] estão juntos desde 2014, certo?

VALERIA. 2013.

NOAM. Isso mostra que se pode encontrar o amor aos 87 anos [todos riem].

VALERIA. Não, você tinha 84 [diz ela, rindo].

NOAM. É verdade! [sorri].

LUCÍA. Bom, nós temos um amigo, antropólogo, que encontrou o amor aos 94 anos. E ele me escreveu um e-mail que dizia: "A primavera chegou!" [todos riem]. Tínhamos convidado ele para cá, mas por conta de um compromisso não pôde vir. É um homem muito especial.

PEPE. É incrível. Se chama Daniel Vidart. A cada dois meses, mais ou menos, ele lança um livro.

LUCÍA. Esse professor, Vidart, contou-nos que quando era jovem fazia planos para muitos anos, depois ficou mais velho e passou a planejar alguns meses, agora faz planos para cada dia [todos riem].

NOAM. Comigo foi diferente [pega a mão de Valeria]. Eu considerava que um dia minha vida terminaria, mas agora planejo viver para sempre [todos sorriem].

SAÚL. Senhor Pepe, o que significa dar sentido à vida?

PEPE. **Acho que a pequena diferença do homem em relação aos outros animais é que, até certo ponto, o ser humano pode dar sentido**

e direção à sua vida. E essa é a oportunidade que temos estando aqui: dar sentido à nossa vida, dar-lhe um rumo. Porque, se não fizermos isso, ela será conduzida pelo mercado, e isso é um problema. Não temos que esperar para ter um mundo melhor, precisamos lutar por um mundo melhor – e um mundo melhor é possível. Mas cada um de nós tem um mundo melhor para construir dentro de si, e isso é ser dono da sua própria vida, não deixar que ela seja controlada externamente. Para isso, não é preciso chegar ao poder nem mudar as relações de propriedade nem nada, é preciso lutar dentro da nossa cabeça. Isso é possível, e essa é a mensagem mais forte que deve ser transmitida aos jovens: **se não puder mudar o mundo, você pode mudar a si mesmo, não se deixar dominar. Isso é mais que suficiente.**

Por quê? Porque no fim das contas, o maior milagre que existe é a vida. Olha, quando mais jovem, eu era humanista, parecia-me que a vida humana estava no centro de tudo. Mas, agora que estou velho, sou menos humanista. Agora amo a vida, a vida de um gramadinho, a vida de uma formiga, a vida de uma barata… A vida! Essa é a diferença que nos separa do inerte. Pertencemos a esse mundo.

No fundo, é uma questão filosófica. Qual o sentido da vida? Será receber friamente a escada do famoso progresso deixando que aconteça o que for, ou será tentar desesperadamente interferir para que o progresso contribua para multiplicar a possibilidade de felicidade humana? Essa é a questão. Além do mais, um dia todo mundo será velho, se olhará no espelho e terá diante de si este dilema: passei a minha vida me traindo? Ou seja, passei a vida pagando contas e confuso, acreditando que progresso significa estar conectado a uma sociedade consumista que me empurra para frente com a pressão do marketing, ou sou o dono do rumo da minha vida? Essa é a questão. Talvez você não possa mudar o mundo, mas pode aprender a caminhar dentro do mundo sem se deixar levar pela correnteza.

SAÚL. A propósito da vida e dos jovens, o suicídio e a depressão são uma crise que a minha geração está enfrentando. Os índices são alarmantes. A maioria dos jovens vive com ansiedade crônica. Qual a opinião do senhor sobre isso?

PEPE. Todas as coisas vivas, todas, estão programadas para querer viver. Os seres humanos têm o privilégio de ter essa consciência, mas não somos diferentes de outras criaturas. Tentamos viver, e devemos ter consciência de que o maior milagre que existe é a nossa existência, é termos nascido. Vir do mundo do nada, saber que vamos para o mundo do nada, e perceber que esse pedacinho de vida é a verdadeira aventura; perceber que, apesar de todas as dores que podem advir desta experiência, não há bem maior do que a aventura de viver. Mas, quando olhamos para o lado – e nós somos animais sociais –, se vemos fracassos ou dificuldades no mundo social, parece que fomos derrotados, quando na realidade não há uma vitória definitiva na vida. **Sabe qual é a única vitória da vida? Levantar-se e recomeçar toda vez que se cai.**

Ou seja, o mais singular é o caminho da vida, o grande prêmio é o caminho da vida, por isso é uma contradição a natureza nos programar para viver e tirarmos a própria vida. Essa é uma doença que adentra a gente e que está cada vez mais disseminada. Por quê? Porque você tem que ser competitivo, tem que ter sucesso, tem que acumular... Enfim. No final, você vai chegar no mesmo lugar onde todos chegamos: a morte. E essa loucura, que às vezes vem acompanhada de uma tremenda solidão no meio da multidão, leva as pessoas a tomarem decisões contra a vida.

Desculpe, mas não me venham com isso... Não pode ser isso! Veja [Saúl], tenho passado apertos, irmão, passei sete anos [preso] sem poder ler um livro, e na noite em que me davam um colchão para dormir eu ficava feliz, um colchão no chão. Cheguei a guardar umas migalhas para ratos que apareciam por volta de uma ou duas da manhã, racionava bem. Eles vinham contentes, e eu lhes dava uma migalha. Foi assim que aprendi que as formigas gritam na solidão, e não morri, segui o rumo da vida. Não podemos ser tão fracos a ponto de renunciar à aventura de viver e acreditar que há alguma solução em tirar a própria vida se a verdadeira aventura, o verdadeiro milagre, é termos nascido.

Por isso é fundamental ter um propósito para viver, só assim você conseguirá se levantar quando cair. E não sugiro que você tenha o mesmo propósito que nós temos, uns malucos que sonham em mudar a sociedade, porque ter um propósito pode ser a paixão científica, a paixão esportiva, a pintura, a pesca, jogar futebol, deitar de cara para o sol, ou qualquer coisa! Mas você tem que ter alguma paixão que se torne o propósito da sua vida. Porque já viemos programados em tudo o mais, a biologia determina quase tudo, e ainda por cima temos a imensa pressão civilizatória das sociedades que criamos. Mas, ao contrário dos outros animais, podemos dar outro sentido ao curso das nossas vidas, e esta é a verdadeira liberdade: quando você toma a decisão apesar daqueles que querem impor as circunstâncias e escolhe o rumo que dar à sua vida. Em geral, penso que aqueles que se suicidam têm uma frustração muito forte e acreditam que o mundo acaba ali; **mas no mundo se aprende muito mais com as derrotas do que com os sucessos, desde que as derrotas não o destruam, e isso depende de você.**

SAÚL. Qual será a diferença entre alguém que arrisca a vida por uma causa e alguém que tira a própria vida por um desgosto?

PEPE. Claro que há uma diferença, porque tirar a vida é abdicar, é sentir-se definitivamente derrotado, é conceder o triunfo do mal sobre nós, é perder a esperança, perder o sonho, perder a utopia, não ter mais nada. Aquele que não se rende pode até estar enganado, mas tem um horizonte, um caminho, um rumo. Ou seja, você pode cometer um erro, mas sem sacrificar a esperança. Não se pode viver sem esperança, porque, afinal, a vida é verde, é sorridente, apesar de todos os pesares.

O problema é sentir-se derrotado, esmagado, acabado; enquanto houver vida no corpo, ninguém está derrotado.

Portanto, há uma enorme diferença. Grande parte do progresso humano foi fruto de pessoas que arriscaram a vida e, por vezes, até pagaram com a vida pela ousadia do que propunham. Por exemplo, quanto as gerações posteriores de trabalhadores têm que agradecer àqueles trabalhadores de Chicago que lutaram pela jornada de oito horas de trabalho? Certamente, muitos apostaram a vida e fracassaram, fracassaram em curto prazo, mas fizeram a humanidade avançar muito. Quase todos os episódios de progresso ético da sociedade envolvem pessoas que tiveram que sacrificar e arriscar as suas vidas.

SAÚL. Senhor Pepe, o que significa a velhice?

PEPE. A velhice? Então... Acho que é um processo natural dos seres vivos, mas, de um ponto de vista objetivo, é ter sucessivamente um monte de pequenas dores que não têm explicação [diz, sorrindo], que vêm e vão, mas se proliferam a cada dia! [risos]. Se levarmos um pouco a sério, a velhice significa que nos aproximamos daquele mistério ao qual não podemos responder: de onde viemos e para onde vamos? Em breve seremos um digno silêncio mineral, pelo menos para aqueles que, como eu, não acreditam na alma e tudo o mais [diz, entre risos].

NOAM. Bem, minha opinião sobre isso foi mudando com o tempo. Quando eu tinha 10 anos, achava que a ideia de perder a consciência [morrer] era horrenda, uma catástrofe. Como você sabe se o mundo continuará existindo se a sua consciência desaparece? Quando completei 15 anos, eu já tinha superado isso, reconhecia que simplesmente deixamos de ser pó e voltamos a ser pó, e entre uma coisa e outra há um período de vida. Mas, no transcorrer desse período, a perspectiva vai mudando. Minha primeira esposa morreu de câncer, cuidei dela por dois anos enquanto ela morria de uma forma horrível, vivendo em casa com câncer de pulmão. Isso foi há dez anos. Ela estava sempre em casa e eu cuidava dela, nunca a deixava sozinha, mas ela foi aos poucos, essencialmente, se reduzindo à infância, até simplesmente desaparecer. Naquele momento, presumi que eu continuaria com meu trabalho e que, algum dia, desapareceria também. Mas depois, por arte da magia, a Valeria apareceu! E então decidi que sou um homem jovem [todos sorriem].

PEPE. Bom, afinal, a melhor explicação é a de Tirso de Molina: quando penso que vou morrer, tiro o manto e me deito para dormir [todos riem].

NOAM. Meu ideal de vida agora, supondo que o mundo e seus problemas desaparecessem, seria morar na casa dos sonhos que encontramos recentemente, apenas morar lá com a Valeria. Morar lá com ela, com nosso cachorro e nossas galinhas [sorri].

PEPE. Ótimo projeto!

NOAM. E tem muito trabalho que ainda quero fazer! Trabalho criativo, sem dúvida.

PEPE. Nós, daqui [da casa dele], vamos sair para o cemitério [todos riem]! Ou melhor, para o forno!

SAÚL. Professor, por que ser ateu?

NOAM. Nem sei se me classificaria como ateu. Para ser ateu você precisa negar a existência de algo, e eu nem sei o que ou como é isso que se tem que negar.

SAÚL. Agnóstico, então?

NOAM. Não, agnóstico também não. É... Há uma afirmação de que existe algo [além]; não tenho ideia do que seja nem tenho qualquer atitude em relação a isso. Se as pessoas querem acreditar, problema delas, mas eu não acredito.

SAÚL. E qual é a opinião do senhor sobre o ateísmo militante [aqueles que combatem ativamente a fé dos crentes]?

NOAM. Tenho sentimentos contraditórios sobre isso. Acredito que faz sentido encorajar as pessoas a questionarem por que aceitam crenças infundadas, e, se essas crenças levam a comportamentos que são prejudiciais para elas próprias ou para os outros, é preciso confrontar isso. Por outro lado, se as pessoas optam por ter suas crenças, porque isso, de alguma forma, enriquece suas vidas ou faz com que elas se sintam melhor, ou se, a partir disso, sentem que pertencem a uma comunidade, coisas inócuas assim, acho que é legítimo. Não tenho críticas, desde que não prejudique os demais.

* * *

PEPE. Sabe [dirige-se a Saúl] o que me pergunto de vez em quando? Por que tive tanta pressa para nascer? Gostaria de ter esperado um pouco mais para poder viver essa batalha com vocês [os jovens].

SAÚL. Pois é, coisas interessantes estão por vir, mas também muito difíceis.

PEPE. Exatamente. Com certeza serão muito difíceis. Tudo isso que está acontecendo terá um custo altíssimo. Vejam Putin e os outros, que agora dizem que vão multiplicar o poder atômico... A última coisa de que precisamos é energia atômica, não fode! Precisamos de mortadela e de leite em pó para a África, e de água, água doce! Há mulheres que caminham por cinco quilômetros para conseguir dois baldes de água suja, me poupe! É por isso que não podemos continuar nos conformando com o conceito de desenvolvimento econômico. **O conceito de desenvolvimento econômico deve levar consigo o conceito de felicidade humana.** Para que se quer o desenvolvimento econômico? Para que as pessoas vivam como no Japão, com uma tristeza e uma angústia terríveis, tirando a própria vida? Não, para! Os povos indígenas que estão por aí, sozinhos, na natureza, são mais felizes. Porque também é preciso definir a vida como o bem maior, para cada um de nós, e tirar …

SAÚL. …tirar o capital do centro, tirá-lo daí.

PEPE. Sim! No centro deve estar a vida.

13. FELICIDADE E LIBERDADE

SAÚL. Senhor Pepe, o que é uma vida bem vivida?

PEPE. Acho que é quando você gasta a maior parte do seu tempo com aquilo de que gosta, aquilo que o motiva. E não pode haver felicidade sem liberdade. A felicidade não é apenas uma coisa sensorial, **a felicidade não equivale ao prazer, a felicidade equivale ao equilíbrio de sentir que se está cumprindo com alegria e vontade aquilo com que se comprometeu.** Para viver é preciso trabalhar, claro, mas a vida não é só trabalhar, é preciso ter tempo para viver. Portanto, a sobriedade faz parte da conquista da liberdade. Agora, se o mercado vai tomar todo o tempo da minha vida para que eu tenha que viver pagando contas e acumulando coisas, não sou livre.

NOAM. E, quando existe essa liberdade, o trabalho pode ser a parte mais satisfatória, ou uma das partes mais satisfatórias da vida. Estar envolvido em um trabalho criativo sob seu próprio controle é uma experiência incomparável, e o fato de que as pessoas se vejam privadas disso é algo que precisa mudar. É algo que qualquer um pode fazer, pode ser pesquisar em um laboratório de física ou consertar o carro na garagem no final de semana; são coisas por meio das quais as pessoas podem realmente encontrar satisfação na vida, como você diz.

PEPE. Acredito que a liberdade tem camadas. E a mais difícil das liberdades, que é a luta pela qual temos que agradecer a Noam, é manter a liberdade do nosso pensamento. Isso significa não ser dogmático, ter a cabeça aberta e perceber a realidade nos seus matizes, nos seus tons de cinza, nos seus tons de preto; não ser fanático, mas ser apaixonado – são coisas diferentes. **Mas há outra liberdade, e é a liberdade de ter margens crescentes de tempo livre para cultivar os nossos afetos, para cultivar as coisas elementares da vida pelas quais somos gratos e que precisam de tempo: tempo para os filhos, tempo para os amigos, tempo para a família, tempo para as coisas elementares.** A sociedade de consumo, de hiperconsumo, que me faz pagar e pagar e pagar – e viver desesperado –, rouba a minha liberdade, porque tenho que transformar meu tempo livre em moeda para poder pagar o tanto que tenho que comprar. E, quando compro, não compro com dinheiro, estou comprando com o tempo de vida que tive que gastar para ter esse dinheiro. Acho que temos que ser avarentos com tempo, que é a única coisa importante. Porque sou livre no momento em que faço o que gosto, e não sou tão livre quando não faço outra coisa senão cumprir uma obrigação para viver.

Acho que o conceito de desenvolvimento que a cultura capitalista introduziu é muito pobre e que a mensagem da própria esquerda deixou que ficassem esquecidos o problema da felicidade humana e da liberdade necessária para haver felicidade. Porque é claro que precisamos de desenvolvimento, mas também precisamos de uma vida humildemente feliz! Por isso, insisto que há algo muito importante e negligenciado: o tempo para o ser humano cultivar seus afetos.

O homem é, como espécie, um animal profundamente afetivo e emocional. Mas o afeto é dado por coisas vivas, não por coisas inertes; o cultivo do afeto leva tempo, é preciso lhe dedicar tempo. Afinal, aquele mundo das relações humanas, dos amigos, da família, dos filhos, do amor, dependendo da fase da vida em que nos encontremos, será mais forte num sentido ou em outro, mas o afeto sempre leva tempo. E, se não há tempo, os afetos são sacrificados, e as pessoas se deixam levar por bobagens. **Muitos falam: "Não quero que falte nada para o meu**

filho", e quem é que acaba deixando faltar! Porque não tem tempo, porque trabalha até de madrugada, chega em casa à noite e só dá um beijinho no filho, que já está dormindo. Mas quem disse que ele precisa de tanta coisa? Ele precisa de você. O mundo moderno está abarrotado disso. Quando digo *administrar a liberdade* quero dizer administrar o seu tempo, não o alienar, para que você possa cultivar seus afetos. Porque, se você deixa o seu tempo ser roubado, adeus à vida afetiva! E não se pode viver sem afeto.

Acho que esse é um problema contemporâneo presente em todas as megalópoles, em todas as cidades do mundo hoje. Devemos lutar por uma cultura da felicidade que seja tangível. Devemos entender que não há necessidade de se chegar ao poder ou esperar que o mundo ou a sociedade mude. Quem pode mudar hoje sou eu: posso mudar e, assim, reservar tempo para coisas elementares, não me deixando escravizar.

14. COMUNIDADE E SOLIDARIEDADE

PEPE. Nós, seres humanos, precisamos de comunidade, de família, de tudo isso. Então, os jovens que pensam de forma diferente têm que criar famílias diferentes, grupos diferentes. Podem ser organizações, sindicatos, agrupamentos, partidos, cooperativas, clubes; não importa o nome, mas devemos criar famílias, reunir-nos com iguais ou com quem pensa parecido, construir mundos coletivos para que não fiquemos sozinhos, porque sozinhos estamos imersos numa sociedade que nos encobre. Temos que nos unir para nos comunicarmos e nos defendermos. Serão sindicatos, clubes, sociedades de bairro, clubes de amigos, não sei e não importa, mas **precisamos nos unir com quem pensa parecido e fazer coisas. Já!**

Acontece que, na sociedade moderna, também há muito escapismo, e devemos refletir sobre isso para não nos confundirmos. Olha, tem muito rebelde que pega uma bicicleta e vai para a Patagônia ou para a Colômbia, se comunica on-line com os amigos, trabalha quinze dias num bar e vai embora. E, sim, essa rebeldia é atraente, mas esse sujeito se transforma num transeunte continental, e isso nada mais é do que um gesto individual. É válido, mas **penso que a luta nos obriga a recriar seres coletivos, e não seres individuais. Precisamos menos de *eu* e mais de *nós*.**

NOAM. Hoje tudo é diferente, mas na verdade nem tanto. Quero dizer, se você voltar às décadas de 1930 ou 1940 – lembro-me, por experiência própria –, nós, jovens, éramos membros de grupos. Os jovens não enfrentavam o mundo sozinhos; cada um era membro de algum grupo ativista de esquerda, de algum grupo cultural, ou de algo assim; e então trabalhávamos juntos para enfrentar os problemas que se apresentavam. E, sim, nesses grupos havia pessoas mais velhas que podiam te ajudar, porque tinham experiência e conhecimento; elas podiam oferecer recursos, mas não podiam te dizer o que fazer. O máximo que faziam era nos incentivar a pensar por nós mesmos, sempre em grupo, naturalmente, porque como indivíduo é quase impossível. Sabemos disso até mesmo pela ciência. É muito raro, na ciência, trabalhar individualmente; em geral trabalhamos em grupos, e muitas vezes as novas ideias surgem dos mais jovens.

Uma das experiências que tive na docência é que há grande diferença entre ensinar para alunos de graduação e de pós-graduação. Os da pós já estão mais ou menos formados, com muitas ideias boas, mas são um tanto previsíveis. Os estudantes de graduação ainda não foram formados, e muitas vezes aparecem com pensamentos emocionantes que não haviam ocorrido a ninguém – simplesmente porque estão começando a abrir caminhos. É esse tipo de coisa que devemos encorajar.

PEPE. É complicado! Aqueles que estão formados já estão deformados...

NOAM. Por exemplo, Valeria e eu estivemos em Tucson [nos Estados Unidos] no ano passado. Uns amigos nos levaram a uma escola primária em um bairro muito pobre, de maioria mexicana, com famílias envolvidas com drogas e, em muitos aspectos, disfuncionais. Havia um problema terrível de evasão nessa escola, problemas disciplinares, nada funcionava; mas introduziram um programa no qual começaram a fazer hortas e a criar animais, e as crianças se envolveram. Fizeram até estudos científicos para determinar os nutrientes para as colheitas, entre outras coisas. Quando Valeria e eu chegamos lá, duas meninas, que deviam ter entre 10 e 12 anos, nos apresentaram o projeto. Elas eram bastante seguras e confiantes, e nos descreveram em detalhes como funciona a colheita, como organizavam tudo, como começaram... A taxa de evasão escolar caiu para zero, e não há mais problemas disciplinares. As crianças estão animadas e têm novas ideias! Nesse caso são crianças, mas algo assim pode ser feito em grande escala! Concorda?

SAÚL. Claro que sim! Pepe, por falar nisso, o senhor e Lucía estão construindo uma escola aqui perto da sua casa, não é? Poderiam implementar um esquema como esse.

PEPE. Estamos, sim. Esta é uma área rural, de horticultura. O que Lucía e eu vimos é que quem hoje trabalha na terra é gente de mais idade, e pensamos: bem, nós vamos continuar comendo verduras; mas, se os jovens não vierem trabalhar, vamos acabar comprando verduras dos chineses! Então, começamos a lutar para fazer uma escola aqui e obrigar o Estado a aplicar um sistema de ensino condizente com tudo isso. Assim que terminarmos de construir, vamos doá-la – agora falta pouco. Mas, se nós não fizermos isso, o Estado não vai fazer!

SAÚL. Como conseguiram financiar a construção? Vi que já está muito avançada.

PEPE. Vendemos um terreno. Ufa, demorou anos. Veja que lucramos com o capitalismo! [diz ele, rindo]. Tínhamos comprado um terreno barato, muitos anos se passaram; o vendemos por um preço muito mais alto e, assim, investimos na escola. É por isso que eu queria criar impostos quando era presidente! Foi algo que eu mesmo vivi [todos riem].

NOAM. Acho que talvez isso possa funcionar aqui! Essa escola de que falamos realmente revitalizou a comunidade. As crianças de lá agora estão produzindo frutas e legumes para a comunidade, e todos os moradores estão se envolvendo. Agora eles formam organizações comunitárias, trabalham junto com os alunos nos problemas que a própria comunidade vivencia. Tudo isso é desenvolvido a partir de programas que podem oferecer oportunidades para as crianças explorarem suas habilidades criativas – e tudo o que for significativo para elas. Começam por cultivar vegetais, depois descobrem como os alimentos e as plantas podem estar interligados com a produção animal, como criar sistemas sustentáveis, como controlar o uso da água, e outras coisas assim; depois se integram a outras comunidades também organizadas! Estou falando de uma comunidade [de maioria] mexicana muito pobre, que, como podem imaginar, tem muitas deficiências, mas foi isso o que aconteceu lá.

PEPE. Esse é o ideal, mas falta comunidade! O capitalismo foi nos separando, um por um, e é preciso criar um *nós*, é preciso construir comunidades.

NOAM. E tudo isso também pode ser feito em comunidades urbanas. Acho que é perfeitamente possível.

PEPE. Sim! Acho que aí há uma perspectiva favorável. A questão é que... a história do leninismo, e o que veio depois, incutiu na esquerda a ideia de que a única forma de avançar é criando um Estado. Isso nos custou cem anos de mitos, e não funcionou! **Para os aimará, pobre é aquele que não tem comunidade; para Sêneca, pobre era quem precisava de muito para viver.**

NOAM. A propósito, queria contar que, com os aimará no norte do Chile, vi o efeito da falta de comunidade. Visitei o norte do Chile, e há uma comunidade aimará bastante marginalizada e isolada. Passei um tempo lá, e eles questionavam seriamente até mesmo a possibilidade de preservar sua cultura. Agora, se você der uma olhada no lugar onde fica essa comunidade, é incrível! Tem uma rodovia que vai de lá diretamente para a Bolívia, e na Bolívia há uma grande comunidade aimará se desenvolvendo, se fortalecendo, mas, no Chile, sequer sabem disso. As hostilidades entre o Chile e a Bolívia, que remontam historicamente a fatos que conhecemos, são tão extremas que mesmo a comunidade aimará ainda não foi capaz de superá-las, não pôde ainda aproveitar o próspero desenvolvimento aimará na Bolívia para fortalecer sua própria sociedade e cultura no Chile. Mas todas essas são questões que uma esquerda ativa já poderia ter superado.

PEPE. Sem dúvida.

NOAM. E tudo isso [problemas entre a Bolívia e o Chile] só porque a Inglaterra queria os nitratos [Noam e Pepe riem, ironicamente] para fertilizantes e pólvora. Roubaram do Chile para implodi-lo. Acredito que a esquerda latino-americana sozinha, com algum nível de solidariedade, poderia facilmente resolver essas questões.

PEPE. É um desafio e tanto o que temos pela frente, mas... Olha, não sei vai dar certo, mas há esquerda por um bom tempo na nossa América.

NOAM. O problema aqui é que você pode controlar as pessoas quando elas não trabalham juntas; **por isso o esforço de todos os movimentos populares, do movimento operário e outros, tem sido tentar superar isso estimulando a solidariedade, a interação, a atividade comunitária.** E isso pode ser alcançado, às vezes até das formas mais inesperadas. É claro que não lemos nada disso nas notícias, porque não é o tipo de informação que quem está no poder quer que tenhamos acesso. Mas consideremos, por exemplo, os movimentos de solidariedade à América Central na década de 1980. Nunca tinha acontecido nada parecido antes. Essa foi a primeira vez que pessoas comuns, [que vivem] dentro do poder imperialista, não só protestaram contra atrocidades, mas foram viver com as vítimas. Milhares de pessoas [estadunidenses] foram viver com as vítimas em El Salvador, na Nicarágua e em outros lugares, apenas para tentar ajudá-las e protegê-las, simplesmente porque um rosto branco era uma proteção.

E essas pessoas eram de comunidades conservadoras, sobretudo evangélicas. Pessoas comuns, devotadas a trabalhar com as vítimas das atrocidades do governo, por um sentimento profundo de solidariedade. Nada parecido havia acontecido antes na história do imperialismo. Os franceses não foram viver em povoados argelinos; durante a Guerra do Vietnã, ninguém foi morar numa cidade vietnamita, mas na década de 1980 isso acontecia por todos os lados. Eram milhares e milhares de pessoas das regiões mais conservadoras do país, de igrejas etc. Essas são formas de solidariedade que nunca tinham existido e que foram se desenvolvendo de muitas maneiras. Nem sempre elas são visíveis, mas existem. E acho que é algo muito significativo.

É assim que se pode alcançar o bem comum, através de organizações populares que trabalhem por objetivos progressistas em cooperação com outros. **E hoje em dia a cooperação pode facilmente ser internacional. Isso quer dizer que podemos aproveitar o desenvolvimento tecnológico para criar movimentos internacionais.** Agora é possível que pessoas nos Estados Unidos, na Inglaterra ou na Alemanha trabalhem diretamente em parceria com pessoas no Equador, na Bolívia, na África do Sul e em outros países, em prol de objetivos comuns. Isso pode ser feito em uma escala que não era possível antes. As oportunidades estão aí, o que falta é fazer uso delas.

PEPE. **Antropologicamente, o ser humano é uma criatura socialista; o porvir e a história tornaram-no capitalista.** Existimos durante 300 ou 400 mil anos em grupos familiares de trinta ou quarenta pessoas, e a maior tristeza que poderia haver era ser expulso do grupo. Os caçadores primitivos não eram donos dos cervos que caçavam; cada um fazia o que lhe cabia fazer. Ou seja, sempre vivemos em equipe; se não fosse por isso, não teríamos chegado até aqui. A história, a partir da mercadoria, nos tornou individualistas e capitalistas. A cooperação talvez seja a chave, porque muito provavelmente os neandertais teriam feito picadinho da gente, nos destruído. Eles eram muito mais fortes, mas não tinham a capacidade de cooperação que os sapiens têm. É uma característica da nossa espécie – pena que a deixamos de lado. Se você ler *Dom Quixote* com atenção, verá a fala dos pastores; idade abençoada, séculos abençoados em que o *meu* e o *seu* não nos separavam. A propriedade nos separou da cooperação, e isso gerou uma longa batalha cultural. Se quisermos sobreviver no planeta e no universo, teremos que voltar a cooperar; não digo que do mesmo modo que o homem primitivo fazia, porque agora isso deve ser feito com os meios do homem moderno; mas cooperar –, e cooperar não é só um negócio, é algo indispensável para a manutenção da vida.

SAÚL. Poderíamos dizer que a luta do século XXI é passar de uma cultura individualista-competitiva para uma cultura coletiva-colaborativa?

PEPE. Colaborativa, sim. Como o primeiro escalão de grupos humanos organizados, que se defendiam e progrediam avançando em equipe. Porque, na realidade, toda empresa é uma equipe. Quando alguém diz que fulano de tal é absurdamente rico, sabemos que ele jamais poderia ter acumulado essa riqueza se não estivesse contando com o trabalho de muita gente. Ponto. Todo acúmulo de riqueza pressupõe o trabalho de muita gente, consciente ou inconscientemente, movida pela lei da necessidade. Só as onças-pardas podem viver sozinhas; são programadas assim pela natureza. Esses felinos se unem apenas para acasalar, mas nós humanos somos animais gregários.

Costumo falar bastante sobre questões da natureza, sabe por quê? Isolado em uma solitária, passei sete anos sem livros [dos quase quinze anos em que esteve preso], e um dia me fiz esta pergunta: o que somos enquanto animais? Qual é o disco rígido que a natureza nos dá e qual é o disco rígido que as sociedades de mercado em que vivemos nos dão? O cerne da questão era o seguinte: não estamos lutando contra o nosso disco rígido? Se sim, estamos fritos. Eu não tinha resposta, porque naquela época eu só lia os clássicos, e os clássicos eram muito racionalistas. Além disso, eu não tinha livros nem nada. Anos depois da prisão, comecei a estudar antropologia, fui visitar amigos antropólogos, e então, acendeu-se em mim a centelha do comportamento humano. É preciso lidar com o animal, tentar domar internamente o que é o animal, e depois o que é a construção consciente; mas levar em conta o que é o animal.

Fiquei pasmo com a forma como o ser humano vivia, como saiu da África andando de um lado para o outro. A história é fantástica. Fiquei me perguntando como chegaram à Nova Zelândia, no meio do oceano. Eles não tinham telefone, não tinham Google, não tinham nada disso, e foram com mulheres e crianças. É admirável. Sabe como eles se locomoviam? Em equipe, cara, justamente, se locomoviam em bandos. Demoraram quase 30 mil anos para chegar à América, mas chegaram, e em todos os lugares; sempre com famílias numerosas que se amparavam. É a organização humana, e lamento que, pelo visto, os únicos cientes desse funcionamento sejam os exércitos, que fazem grupos de fuzileiros com trinta e poucas pessoas. Bem, sei que estou mudando de assunto, mas o que quero pontuar é que é preciso estudar o ser humano como animal e depois como civilização; e acredito que a cooperação, esse desejo de cooperar, é um gesto animalesco da espécie, o mais digno que ela tem. Mas o escambo começou a criar o *meu* e o *seu*, criando uma subconsciência na qual estamos.

15. DEMOCRACIA E AUTOGESTÃO

SAÚL. Vamos falar sobre democracia. O que é e em que estado ela se encontra no século XXI?

PEPE. **A democracia significa, e precisa significar, uma distribuição do poder de decisão entre a população.** Toda autoridade tem algo de opressora, o desafio é saber se somos capazes de criar uma civilização sem opressão, ou seja, se nós, seres humanos, somos capazes de nos governar sem ofender outras pessoas. Nisso sou um libertário, como Noam.

NOAM. **Neste momento, a nossa democracia é, fundamentalmente, uma plutocracia. Chamamos de *democracia*, mas não é.** Vejamos, por exemplo, o caso dos Estados Unidos, como realmente funciona o modelo de democracia dos últimos cem anos. A maioria dos eleitores nos Estados Unidos é politicamente marginalizada, ou seja, os próprios representantes que elegeram não prestam atenção nas suas opiniões. Esse setor representa os 70% mais pobres em termos de riqueza e renda, e, se subirmos na escala da riqueza, notamos algum aumento na influência; mas é no topo que as decisões são tomadas. É mais ou menos assim que funciona nos Estados Unidos, e na Europa é ainda pior. Uma das falhas mais graves da União Europeia foi deixar o poder de decisão nas mãos da burocracia de Bruxelas, que responde aos bancos do Norte, aos bancos alemães, e não à população. É por isso que estamos vendo a população reagir com raiva, medo e perturbação. Isso é a democracia hoje.

O que a democracia deveria ser é bastante simples. A democracia começa com uma população informada, empoderada e esperançosa, que compreende e reconhece que pode fazer coisas, que tem condições de fazer coisas por si própria. Portanto, deve-se romper as barreiras da passividade e do medo, e fazer com que as pessoas entendam que o poder está realmente nas suas mãos, caso queiram usá-lo. E, depois disso, criar instituições nas quais os indivíduos tomem decisões coletivas sobre as questões que os preocupam – as questões da sociedade e até mesmo do mundo. Isso é democracia, e podemos avançar nessa direção de várias maneiras. Mas é imprescindível que seja rápido, pois **o funcionamento da democracia é a principal linha de defesa contra a catástrofe iminente [ecológica e nuclear].**

Em princípio, em um regime democrático se ouve a voz do povo. Perguntemo-nos agora o que poderia acontecer nos Estados Unidos se esse princípio fosse respeitado. Um dos efeitos seria que a figura política mais popular e respeitada do país teria um papel influente, talvez até chegasse à Presidência. Esse é Bernie Sanders, por uma margem bem ampla. A campanha de Sanders foi o traço mais notável das eleições de 2016. Ela rompeu com o padrão predominante em mais de um século da história política estadunidense. Um conjunto substancial de pesquisas acadêmicas em ciências políticas estipula, de forma muito crível, que as eleições nos Estados Unidos são praticamente compradas. O financiamento de campanhas, por si só, é um indicador efetivo de elegibilidade, inclusive para o Congresso e para as decisões dos funcionários eleitos. As pesquisas mostram ainda que uma maioria considerável do eleitorado, a que vem no nível mais baixo na escala de rendimentos, está de fato privada de direitos – uma vez que seus representantes não prestam atenção às suas preferências. **À medida que a riqueza aumenta, a representação política também aumenta um pouco. Mas é no topo, na fração do 1% mais rico, que as políticas são decididas.** Hoje chamamos isso de *democracia*, mas deveria se chamar *plutocracia*.

É por isso que a campanha de Sanders é tão significativa. Ele era pouco conhecido, e quase não tinha apoio das principais fontes de financiamento, que são o setor empresarial e as fortunas particulares. Sanders foi ridicularizado pela mídia e até usou a assustadora palavra *socialista* em seu discurso; ainda assim, provavelmente teria ganhado a indicação democrata se não fosse pelas armações dos dirigentes do partido Obama-Clinton. Suponhamos que ele tivesse vencido; aí poderíamos ouvir declarações como esta sobre os direitos trabalhistas: "Não tenho nenhuma utilidade para aqueles que, independentemente do partido político, têm algum sonho tolo de voltar no tempo até os dias em que os trabalhadores não organizados eram uma massa amontoada e quase indefesa. Apenas um punhado de reacionários irredutíveis alimenta a péssima ideia de acabar com os sindicatos. Só um estúpido tentaria privar os trabalhadores e as trabalhadoras do direito de se filiar ao sindicato de sua escolha." No entanto, esse não é Sanders, é Dwight Eisenhower, quando concorreu à Presidência em 1952. Isso é conservadorismo no período de grande crescimento do capitalismo de Estado regulado, muitas vezes chamado de Idade de Ouro da economia dos Estados Unidos. Já percorremos um longo caminho desde então, agora estamos prestes a ver o desaparecimento dos sindicatos públicos, ou melhor, do pouco que resta deles.

Portanto, como mostram os estudos de opinião pública, a verdadeira democracia seria bastante diferente, e o mesmo se aplica a uma série de outras questões, já que ambos os partidos se deslocaram muito para a direita durante o período neoliberal – os Republicanos, a ponto de respeitados cientistas políticos conservadores os descreverem como uma *insurgência radical* que abandonou a política parlamentar. Uma consequência disso é a raiva, a frustração e o desprezo pelas instituições formais da democracia, que muitas vezes assumem formas desprezíveis.

O ponto é que as pessoas nunca votariam em políticas planejadas pelas elites, e alguns números simples revelam por quê. Em 2007, antes da crise [financeira de 2008], no auge da euforia com as grandes conquistas do neoliberalismo e da economia neoclássica, os salários dos trabalhadores nos EUA eram mais baixos do que em 1979, quando a experiência neoliberal começava a deslanchar. A principal razão foi explicada pelo presidente da Reserva Federal, Alan Greenspan, quando ele atestou, diante do Congresso, a "economia maravilhosa" que estava administrando e afirmou que "uma maior insegurança dos trabalhadores" mantinha os salários e a inflação baixos. O que acontece é que os trabalhadores ficam muito intimidados para reivindicar salários decentes, benefícios e condições de trabalho dignas, e o comportamento deles, para os padrões neoliberais, seria o reflexo de uma economia saudável.

As medidas de justiça social também se deterioraram ao longo desse período neoliberal. Os Estados Unidos, de fato, estão na faixa mais baixa entre os países desenvolvidos da OCDE [Organização para a Cooperação e Desenvolvimento Econômico] em termos de justiça social, junto com a Grécia, o México e a Turquia. Mas os lucros, no auge, sobretudo na indústria financeira, majoritariamente predatória, que explodiu durante o período neoliberal e chegou a representar 40% dos lucros coorporativos, pouco antes da crise pela qual, mais uma vez, a indústria financeira foi, em grande medida, responsável.

Um dos objetivos das "reformas estruturais" neoliberais, como são chamadas, era reverter o declínio da taxa de lucro, que foi uma consequência do ativismo popular e da militância dos trabalhadores nos anos 1960. Essa reversão aconteceu nas últimas décadas e, nesse sentido, as reformas neoliberais foram um sucesso – à margem, é claro, dos interesses da população. Nessas condições, uma democracia dificilmente pode se sustentar. O mesmo acontece na Europa sob o flagelo dos programas de austeridade neoliberal, que até mesmo os economistas do FMI reconhecem como injustificáveis. Mas os burocratas do FMI ouvem vozes distintas, principalmente as dos bancos alemães. Essas são as vozes que controlam a *troika*: o FMI, o Banco Central Europeu e a Comissão Europeia. Ninguém os elegeu, mas eles determinam a política na Europa.

O economista Mark Weisbrot conduziu uma pesquisa cuidadosa e reveladora da agenda que orienta as políticas econômicas destrutivas, que não são surpresa nem novidade para a América Latina. Weisbrot estudou relatórios de consultas regulares do FMI com governos membros da UE [União Europeia] e descobriu "um padrão bastante consistente e perturbador". **A crise financeira [de 2008] que eles causaram foi usada como uma oportunidade para consolidar as reformas neoliberais**: cortes nos gastos do setor público em vez de aumentos de impostos, redução de benefícios e serviços públicos, cortes na área da saúde, enfraquecimento da negociação coletiva e, em geral, um movimento em direção a uma sociedade "com menos poder de negociação no trabalho e salários mais baixos, mais desigualdade e pobreza, menos comando e menos redes de segurança social, bem como medidas que reduzem o crescimento e o emprego". Basicamente, foi o que aconteceu na América Latina nas últimas décadas seguindo o Consenso de Washington. Os chamados *FMI Papers*, conclui Weisbrot, "detalham a agenda dos responsáveis por tomar as decisões na Europa, e conseguiram bastante nos últimos cinco anos". Uma agenda que é muito familiar, onde quer que tenha ocorrido a investida neoliberal.

Na Europa acontece o mesmo: sabem que as pessoas não votariam a favor dessas reformas, então a democracia deve ser sacrificada para garantir que as reformas neoliberais sejam realizadas. **O mecanismo para isso é simples: transferir as decisões para instituições não eleitas, como a *troika*.** E a reação popular na Europa é semelhante à que se vê nos Estados Unidos: as instituições políticas centristas estão sem credibilidade, a desilusão pública, o medo e a raiva continuam aumentando no seio da população, por vezes tomando formas fatídicas.

SAÚL. Pepe, o que é, e por que é tão importante para o senhor, o conceito de autogestão?

PEPE. Para mim, autogestão é a incorporação de um caminho coletivo das pessoas que trabalham, é aprender a administrar em grupo o lugar onde se trabalha, e isso deve ser feito com espírito aberto e participação democrática. É substituir tanto a propriedade estatal quanto a propriedade privada pela propriedade coletiva dos trabalhadores, mas não para ficar com a propriedade, e sim para transmiti-la às futuras gerações, geri-la e procurar multiplicá-la. É também o entendimento de que temos direitos, mas que também devemos ser responsáveis ao usá-los. **Precisamos sair da era em que apenas nos dão ordens, nos mandam e nós obedecemos; temos que nos autogerir e nos autocomandar.**

Embora o que eu disse seja verdade, não é algo tão simples. Conheço um punhado de trabalhadores que conseguiram levar adiante empresas cooperativas e as mantiveram ao longo dos anos, mas tiveram que suportar uma guerra externa e outra interna. A de dentro é a sabotagem vinda da cultura individualista e consumista, que não para de te pressionar. A de fora, obviamente, é a concorrência. Então é preciso ter uma casca bem grossa, mas acho que os seres humanos conseguem, já tiveram isso antes.

SAÚL. Senhor Pepe, existem certas matrizes estruturais, como as empresas privadas ou os partidos políticos tradicionais, entre outros, que me parecem ser instituições obsoletas, que não estão à altura dos desafios do século XXI. É por isso que me interessa muito o tema da democracia no escritório, no trabalho, ou seja, o modelo de empresas cooperativas, nas quais os trabalhadores também são donos e tomam decisões. Poderíamos nos aprofundar um pouco mais nesse assunto?

PEPE. É claro. Acredito que um sistema como o capitalista, no qual estamos imersos, com as suas formas de produção e de distribuição, também gerou uma cultura – uma cultura subliminar – de dependência. Muitas vezes os trabalhadores de uma empresa estão acostumados a obedecer e fazer o que lhes é pedido, pois foram educados para isso. É assim que uma empresa funciona. Mas a sua atividade, basicamente, se firma neste mundo e constrói uma cultura neste mundo. O rumo e a direção da empresa não é problema deles; o problema deles é receber o pagamento no fim do mês e continuar sempre procurando um emprego melhor.

Se nós, sapiens, aprendêssemos a trabalhar como uma família, se uma empresa fosse como uma família, onde os trabalhadores formassem um coletivo organizado de maneira que trabalhassem e também decidissem, seria perfeito. Mas, em geral, essa é uma tarefa que ficou reservada à estrutura de classes nas sociedades. Os trabalhadores não sabem mais administrar a si próprios quando têm que tocar um projeto coletivo. Portanto, se dermos esse passo de construir uma empresa cooperativa, haverá uma tremenda confusão, e não porque as pessoas sejam boas ou más, mas porque estruturalmente não fomos preparados para isso. Mas deveríamos caminhar nessa direção. Isso faz parte da luta. Por quê? Porque devemos aprender a ser chefes de nós mesmos, apesar de nossa educação nos tornar dependentes e obedientes. **Com frequência, o que chamam de *educação* nada mais é do que um adestramento para que a gente ocupe determinadas funções.** Essa é a luta por uma consciência que nos permita admitir que alguém colabore dando instruções porque sabe mais, mas não porque manda em nós. Essa é uma profunda mudança cultural.

Nós, da minha geração, confundimos a construção do socialismo com planos quinquenais e tal, e não demos a menor bola para a consciência. Quando eu era jovenzinho, fui para a [Universidade] Lomonosov, em Moscou. Estou falando dos anos 1960, época de Nikita Khrushchev. Todos ficavam surpresos com as camisas de náilon que tínhamos, trazidas do Ocidente; eram uma porcaria, desconfortáveis, mas eles nunca tinham visto e, por isso, achavam maravilhosas. Aqueles rapazes soviéticos eram prisioneiros da mercadoria, e não se davam conta do que eles tinham. Lá produziram muitas toneladas de aço e de alumínio, mas não houve nenhuma mudança cultural, e, se a cultura não muda, nada muda.

SAÚL. Lição básica para a esquerda do século XXI, não é?

PEPE. Com certeza. E não é algo tão distante, porque, em última análise, qualquer fábrica é um projeto coletivo, embora geralmente seja dirigida por um único chefe. Mas isso poderia ser diferente.

NOAM. Consideremos, por exemplo, as políticas industriais nos Estados Unidos. Em 2008, quando o sistema financeiro ruiu, o governo comandou grande parte da economia. Então, a indústria automotiva – que é parte expressiva da economia – foi, de um jeito ou de outro, basicamente assumida pelo governo. Havia opções sobre como fazê-lo, mas a opção escolhida foi que o contribuinte pagasse pelo prejuízo, devolvesse a indústria aos antigos proprietários – rostos diferentes, mas da mesma classe – e, assim, continuasse a fabricação do que faziam antes: automóveis. Mas é claro que havia outra opção, que poderia ser escolhida se houvesse suficiente educação e organização popular. Seria pegar a indústria e entregá-la à força de trabalho, aos trabalhadores, criar uma empresa cooperativa. Fazer com que a força de trabalho se tornasse proprietária da empresa e a administrasse. E que não produzisse automóveis, dos quais o país não precisa, mas sim trens de alta velocidade, um transporte de massa eficaz que faz falta, oferecendo simplesmente um melhor nível de vida para o momento e para o futuro. Se tivesse havido educação e organização suficientes, essa decisão seria factível – e teríamos uma sociedade radicalmente diferente. Esse tipo de problema surge o tempo todo.

SAÚL. Professor, como o senhor definiria o anarquismo? Há muita confusão e desinformação em torno desse conceito, que considero fascinante. Frequentemente o relacionam à desordem, ao caos e à violência. Pepe também tem uma perspectiva anarquista e libertária; de esquerda, é claro, não no sentido distorcido, anarcocapitalista, cunhado nos Estados Unidos. Vejo que os senhores convergem nesse ponto, por isso estamos aqui, e isso tem sido decisivo na minha formação. Acho que entendi de verdade a democracia quando aprendi sobre o anarquismo, e descobri estudando os senhores, porque os líderes da esquerda eleitoral e burocrática não falam sobre o assunto.

NOAM. O conceito de anarquismo cobre um espectro muito amplo, de modo que não há uma resposta única. Mas diria que o elemento central é a simples tendência do pensamento humano de se perguntar: por que qualquer forma de autoridade – qualquer que seja – é legítima? Por que é legítimo que uma pessoa tenha autoridade sobre outra? Por que é legítimo que haja estruturas hierárquicas? Devemos reconhecer que nenhuma estrutura hierárquica se justifica por si mesma; elas precisam de uma justificativa para existir. Portanto, **qualquer forma de autoridade, dominação e hierarquia deve ser desafiada a justificar sua existência e, se não for capaz – como costuma acontecer –, deve ser desmantelada.** Acho que esse é o princípio fundamental do pensamento e da ação anarquista ao longo do tempo.

PEPE. Estava lembrando que, aos 11 ou 12 anos, eu tinha um amigo que era dirigente sindical, da Federação da Carne. Ele era anarquista, e me explicava: "Que demitam você do trabalho por lutar pelos seus direitos, nunca por ser um mau trabalhador. Porque, como trabalhadores, não vivemos à custa dos outros." Dá para notar que aqueles anarquistas eram muito diferentes dos de hoje [diz ele, rindo].

SAÚL. Podemos concluir que a mudança de paradigma necessária é abandonar a ideia de sermos comandados, e lutarmos para nos autogerirmos, certo?

NOAM. Exatamente. Não acho que devemos ficar ancorados à ideia de que alguém nos comanda. Em qualquer instituição ou organização, qualquer que seja – um departamento acadêmico de uma universidade, uma grande indústria, uma família ou qualquer outra coisa –, pode-se designar uma autoridade. E, dessa forma, se chegaria a um acordo pelo qual alguns tomam decisões e outros as cumprem, mas apenas sob o controle da comunidade em geral, com revogação automática e supervisão permanente. **Designar determinados indivíduos para tomar decisões não é errado em si, desde que esses indivíduos estejam sob um controle democrático efetivo. Acho que qualquer outra forma de hierarquia ou poder é basicamente ilegítima.**

SAÚL. Muito bem. Duas últimas perguntas e terminamos por hoje, já está tarde. Tentarei fazer que sejam as duas perguntas mais importantes.

VALERIA. Melhor ficarmos com mais uma e encerrarmos [diz, sorrindo].

SAÚL. Claro. Então terá que ser a pergunta mais importante que tenho aqui.

NOAM. Reparou, Saúl? Essa, sim, é uma autoridade legítima [todos, inclusive a equipe de filmagem, riem alto].

SAÚL. Professor, o senhor acha que devemos lutar por um regime democrático misto, entre democracia representativa e participativa?

NOAM. Penso que existem vários tipos de acordos formais que cumpririam com o princípio fundamental anarquista, de que o poder esteja efetivamente nas mãos da comunidade geral, e há muitas formas de se organizar isso. Não acho que somos suficientemente inteligentes ou informados para planejar a melhor forma de organização social, é preciso explorar muito através de experimentações. Algumas coisas soam bem quando descritas, mas podem não funcionar na prática, por isso é preciso explorar e aprender. De toda forma, há princípios que sempre devem ser observados. Um deles é exatamente este que estamos discutindo: que o poder e a autoridade não são legítimos, a menos que haja uma justificativa para a sua existência e que funcionem subordinados a um controle democrático eficiente. A autoridade não é legítima por si própria, seus fins e meios devem ser realmente democráticos.

PEPE. Concordo com você [diz ele, olhando para Noam]. O socialismo será autogerido ou não será. Nisso sou libertário como você.

* * *

PEPE. Olha [dirige-se para Saúl], voltei a estudar a democracia grega, ateniense. Aristóteles era subversivo. A definição de cidadão de Aristóteles é "aquele que governa e julga", ou seja, cidadão é alguém que pode ser governante e jurado – porque aquela era uma democracia por sorteio, e, se você fosse sorteado, tinha que ir para a classe dirigente e participar. Mas qualquer cidadão poderia confrontá-lo e criticá-lo na assembleia, e você também poderia ser jurado. Imagine, Sócrates foi condenado por um júri popular! Nunca vimos nada parecido, e hoje estamos a léguas de distância de algo assim. Sim, eu sei que os gregos escravizavam pessoas naquela época, mas, segundo Xenofonte, em nenhum lugar tratavam tão bem os escravizados – e, olha, havia escravizados no mundo todo, não havia democracia. Ninguém ousou!

No século VI a.C., Atenas estava à beira de uma guerra civil devido à quantidade expressiva de escravidão por endividamento, porque, naquela época, quem contraísse uma dívida que não pudesse pagar era escravizado. Então veio Sólon, que era um poeta, e o elegeram tirano, com todo o poder! Ele decidiu dar liberdade a esses escravizados. Os escravizados pediram a Sólon que os compensasse materialmente por parte do que haviam perdido quando foram escravizados, mas isso era mais do que a aristocracia, que já havia ficado sem escravizados, poderia suportar. E o que aconteceu? Sólon não lhes deu nada material, mas sabe o que lhes deu? **Deu a eles o direito de falar na assembleia e o direito ao voto. Você percebe?! Ele deu poder político a eles, e é assim que nasce a democracia!** A democracia nasce de um grito desesperado contra a desigualdade.

Claro, eu sei, Atenas era uma sociedade pequena, de apenas 200 mil pessoas, mas, veja: 7 mil homens constituíam o aparelho governamental de Atenas, e eles se alternavam, eram escolhidos por sorteio, e todos respondiam à assembleia. Havia quarenta homens eleitos, não mais, que eram os generais da guerra e os tesoureiros. Mas elegeram apenas tesoureiros ricos, porque, se houvesse peculato, eles tinham que responder com a sua riqueza. Já viu algo parecido?

SAÚL. Isso é quase impensável atualmente.

PEPE. Impensável, viu só? Hoje isso parece ridículo. A questão é que tinham um grau de audácia fenomenal [na Grécia Clássica]. Bem, esses [tesoureiros] eram os únicos que eram eleitos, os demais eram por sorteio, e os juízes também por sorteio. E não falta quem diga: "Mas isso é um disparate! E a especialização e tudo o mais...?" Uma ova! Isso provocou um grau de participação e de discussão que nunca havia existido. Por isso, lá foi inventado o teatro, a comédia... Enfim, tudo era político! Os cidadãos que não tinham nada eram os remadores, mas eram eles que faziam barulho quando desciam dos barcos – porque, olha, houve tentativas de golpe de Estado e tudo, claro, reações e um monte de merda.

Mas isso durou quase trezentos anos, mais do que toda a experiência da democracia moderna! E algumas coisas ainda perduram. Claro que não estou falando de imitá-los ao pé da letra nem qualquer asneira, mas estou falando da criatividade de base, da coragem que tiveram frente às dificuldades da época.

E nós temos meios que eles não tinham. Veja só: agora chamamos isso de *democracia representativa*, e as pessoas votam uma vez a cada quatro ou cinco anos. E daí?! Isso é tudo? Isso é a democracia? As pessoas não decidem porra nenhuma, não podem julgar nada, não podem nem tomar a decisão de cavar uma vala na lateral da casa, nada! Para qualquer coisa, precisam do carimbo e da autorização de um burocrata. Não se podem decidir nem questões municipais mínimas! Se vamos colocar uma coluna aqui ou não… Nada!

SAÚL. E o poder que você não está usando é o poder que você não tem.

PEPE. Exato! Não damos nada ao povo, não transferimos ao povo o poder de decisão. A nossa democracia está cada vez mais falha, e ainda pior se levarmos em conta a concentração de riqueza, que cresce a um ritmo galopante. Por exemplo, na América Latina, os 32 homens mais ricos têm o mesmo que 300 milhões de pessoas. Mas isso não é o pior! O pior é que seus ativos crescem aproximadamente 21% ao ano, enquanto a economia da região cresce 2% ou 2,5% ao ano. Isso quer dizer que esses caras têm cada vez mais e que a desigualdade é cada vez maior! O seu compatriota [mexicano] Carlos Slim, o homem mais rico do mundo,* por exemplo, teria que viver uns 240 anos gastando 1 milhão por dia para acabar com a sua fortuna… Me poupe! **Essas concentrações de**

* O mexicano Carlos Slim foi considerado a pessoa mais rica do mundo em 2007, 2011 e 2018. Em 2024, ele figura no 14º lugar da lista. Ainda assim, é a pessoa mais rica da América Latina. [*N. E. Bras.*]

riqueza são a maior ameaça à democracia; isso estraga a democracia porque tende a gerar decisões políticas favoráveis a uma concentração de riqueza cada vez maior.

SAÚL. Embora as nossas circunstâncias sejam muito diferentes das da Grécia Clássica, o que poderíamos incorporar deles?

PEPE. Bem, veja...

SAÚL. Por exemplo, poderíamos falar de um *boom* do plebiscito e das consultas ao povo?

PEPE. Isso, exatamente! Acho que devemos começar a pensar em novas instituições, pelo menos em nível comunitário, local. No plebiscito e algo mais. Como no caso do México...

SAÚL. Sim, conte-me sobre o México, por favor.

PEPE. Bem, o que aconteceu com a decisão que foi tomada em relação ao petróleo [em referência à reforma energética de Enrique Peña Nieto, em 2013]?

SAÚL. Bom, a decisão não foi tomada no México [insinuando que foi tomada nos Estados Unidos]...

PEPE. Sim, decidiram fora, claro, mas os governos do México valorizaram isso. Agora, qual foi a participação do povo mexicano nessa decisão? Digo isso porque nós [no Uruguai], na década de 1990, quando Menem governava a Argentina, tivemos um *boom* neoliberal violento nos governos de todas as regiões. Queriam vender todos os bens públicos, principalmente as empresas estatais, e tudo com um único atrativo: pagar a dívida que tínhamos no exterior. A Argentina fez isso, livrou-se das joias da coroa [risos], vendeu-as e ficou mais endividada do que antes. Mas nós, no Uruguai, temos uma instituição de reminiscência anarquista, o referendo. Reunindo uma quantidade de assinaturas, podemos conseguir coisas. E esse instrumento, que foi preservado na nossa Constituição, nos ajudou a enfrentar o governo da época, do doutor [Luis Alberto] Lacalle [Pou]. Cortamos as asas dele, conseguimos um plebiscito que foi deslumbrante e salvamos as empresas públicas. O Uruguai tem todo o refinamento e a distribuição de petróleo numa empresa do Estado; toda a energia elétrica é administrada por uma empresa do Estado; a água que as pessoas consomem é administrada por uma empresa do Estado.

SAÚL. No México, tudo isso foi desmantelado. A minha geração não conhece outra coisa.

PEPE. Sim! E isso que eu digo não significa que as empresas estatais sejam perfeitas.

SAÚL. Não são, mas são de vocês, dos cidadãos.

PEPE. Exato! E se estivessem nas mãos de uma empresa privada... Por exemplo, **se a nossa petroleira, ANCAP [Administração Nacional de Combustíveis, Álcool e Portland], estivesse nas mãos da Shell, talvez funcionasse melhor, com mais eficiência, mas os lucros iriam para fora! Mas aí qual é o negócio do Estado? Que negócio fazemos? Nenhum!** O mesmo vale para todas as outras empresas estatais. Então, conseguimos preservar isso com o referendo. E, vejam, esse não é um Estado socialista, mas há um patrimônio público importante. O principal banco do país é do Estado uruguaio; tem 65% do movimento bancário, imagine. Pois bem, tudo isso é conservado com esse instrumento, o plebiscito. Enfrentamos a alienação de bens públicos e conseguimos uma maioria esmagadora. Nunca mais se falou sobre isso. Por quê? Porque a surra foi tão grande que conseguimos salvar esses bens públicos. E, olha [dirige-se a Saúl], o que vão te dizer em relação ao plebiscito é que as pessoas não têm capacidade e blá-blá-blá...

SAÚL. Exatamente! É a primeira coisa que me dizem: que as pessoas são ignorantes, incapazes de decidir.

PEPE. Bem, aí temos a sociedade suíça para estudarmos. Não é uma sociedade de esquerda nem nada parecido, mas eles fazem muitos plebiscitos e nunca os vi cometer atrocidades. Os cidadãos descobriram um dia [a informação foi vazada] que havia um exército secreto e clandestino no país. Claro que houve quem alegasse que não era possível, mas, na verdade, o governo o tinha por razões de segurança. Depois discutiram isso publicamente, e as pessoas votaram a favor de mantê-lo. Você vê? As pessoas não são bobas quando as coisas são explicadas a elas, e se acostumam a decidir!

SAÚL. Claro. Acho que nenhum de nós é mais inteligente do que nós todos.

PEPE. Exatamente. **É preciso acreditar que as pessoas também têm bom senso. Agora, se nunca confiarmos, nunca vão desenvolvê-lo. Como vou desenvolver músculos se não faço exercícios?** O extraordinário da democracia grega foi isso: o exercício da liberdade. Porque depois você tem que explicar como, naquele momento histórico, eles conseguiram tanta coisa com apenas 200 mil pessoas. Quando há participação, acontecem coisas assim. Sócrates não escreveu nem uma palavra; ele deu palestras na casa de Simão, que era sapateiro, mas havia um jovem que ia ouvi-lo, Platão. O pouco que nos chegou de Sócrates foi por Platão. Mais tarde, Platão fundou a Academia, com uma regra:

"Quem não souber geometria não deve entrar." Ele estava se referindo a quem não soubesse matemática. Você vê? Aristóteles esteve por quinze anos na academia de Platão e depois se separou, foi fundar o Liceu, onde daria a sua formação; e um de seus discípulos foi Alexandre, o Grande. Ele deu aula para Alexandre, o Grande! Ou seja, como houve tanta coisa em tão pouco tempo?… Ah, e teve ainda o Fídias, que foi uma espécie de Michelangelo e concebeu o Partenon. Houve o fundador do teatro, o fundador da comédia, todas as correntes filosóficas! Diógenes, por exemplo, foi contemporâneo do velho Aristóteles; e Anaxágoras, todos eles! **Como pôde existir um grupo tão valioso de pessoas, cujos pensamentos têm consequências até hoje?**

SAÚL. **A participação!**

PEPE. **Claro! Pelo exercício da democracia, a participação.**

SAÚL. Sim, desenvolver uma sociedade baseada na participação coletiva. Exato!

PEPE. Justamente, a ágora e tudo aquilo! Sim, o exercício público da liberdade e do intercâmbio, o confronto e a troca permanentes de ideias, é isso que precisamos recuperar. **E não digo fazer tudo como eles faziam, mas hoje temos instrumentos que os gregos não tinham. O mundo digital! Nunca tivemos essa ferramenta na dimensão que ela existe hoje.** Não pertenço a essa geração nem vou pertencer à cultura digital, mas percebo que, para o bem e para o mal, esse é o horizonte que está posto.

SAÚL. Estou convencido disso. Acredito que o caminho político é, precisamente, fazer uso das tecnologias de comunicação para permitir a participação massiva das pessoas. Agora, para além das ferramentas democráticas digitais, o discurso central da esquerda não deveria ser o da transferência do poder de decisão para as massas? Porque isso não acontece, é uma proposta marginal entre os atuais dirigentes de esquerda.

PEPE. É verdade. Olha, **eu acho que temos que começar a luta pelo aumento dos bens públicos, mas, na verdade, o mais importante dos bens públicos é que muitas pessoas tenham a oportunidade de decidir, a começar pelas coisas cotidianas. Segunda etapa: a organização do trabalho coletivo.** É preciso dar muita importância à organização da autogestão e das responsabilidades de quem trabalha. Não me refiro a multiplicar os bens do Estado, não; refiro-me aos bens públicos controlados pelo próprio povo, com senso de responsabilidade.

SAÚL. Empresas cooperativas, certo?

PEPE. Isso mesmo! Cooperativas, empresas autogeridas... Trabalhadores que sofrem derrotas, mas que também desfrutam dos sucessos. É preciso começar a ensaiar a ideia de não se trabalhar mais para um patrão! Porque nos deixam impressionados com a ideia de que a gestão é produto de uma classe especial, de uma classe de seres superiores que são os *empreendedores.*

SAÚL. Ah, sim: "Você [trabalhador] não sabe, você não pode."

PEPE. Exatamente: "Você não pode, você tem que trabalhar sob a égide deles." Enfim, é assim que acontece. Me entende? Portanto, a liderança coletiva deve estar acima da liderança individual. E eu acredito que as pessoas têm talento, mas é preciso experimentar isso, ensaiar. Caso contrário, vira uma discussão como a do ovo e da galinha: quem nasceu primeiro, o ovo ou a galinha? Vejamos, **como vamos fazer com que as pessoas saibam administrar alguma coisa se nunca dirigem merda nenhuma?**

Acostumamos as pessoas a chegar no trabalho, trabalhar por oito horas e receber a cada trinta dias, e isso não tem nada a ver com administrar. Justamente, a participação no campo do trabalho me parece fundamental sempre – quando as coisas funcionam e também quando vão mal. Quando a empresa perde e quando a empresa ganha, os trabalhadores devem participar. Isso é senso de responsabilidade.

SAÚL. Quando falo sobre isso, quase sempre me deparo com a mesma resposta: que permitir a participação do povo é perigoso porque a maioria é ignorante e apática; ou seja, que as pessoas são idiotas e preferem que outras decidam por elas. Mas não acredito nisso. Acho que o povo não participa simplesmente porque não há espaço, e, quando há, é referente a algum engodo que não repercute em quase nada, como votar a cada quatro ou seis anos em quem decidirá tudo. Mas se houvesse possibilidades reais, mecanismos e ferramentas de empoderamento e politização através da participação...

PEPE. Foi exatamente por isso que voltei a estudar a democracia grega! Pensei: mas como eles fizeram tudo aquilo? Como estava dizendo, não nos chegou nada de Píndaro, que era músico, e perdemos quase tudo de Fídias. Mas achávamos que aquilo dos gregos não funcionava ou nunca tinha acontecido. Por exemplo, Keynes se mostra supostamente inovador com suas políticas econômicas – "agora, sim, o keynesianismo, que incrível!" –, mas acontece que foi Péricles quem teve a ideia de mandar construir o Partenon num momento de crise trabalhista para resolver o problema; e como os caras lá eram ótimos, construíram o Partenon, puta que pariu! Você imagina o que é a participação de uma sociedade nesse nível? A cultura deles é algo que dura até hoje, suas consequências chegam até hoje. Por exemplo, o sentimento de piedade faz parte da cultura que os gregos construíram, mas o cristianismo se apropria dele e lhe dá origens divinas; veja só, origens divinas... É impressionante como tudo foi se desenvolvendo, mas quase todas as coisas importantes nas ciências humanas começaram naquele período histórico! É bárbaro... E, no fundo, por quê [começa a rir]? Porque aquela era uma assembleia pública permanente, um centro de debates permanente! A escola peripatética de Aristóteles, que ensinava caminhando pelos parques e tal... Percebe? Não tem como isso acontecer de novo da mesma forma, eu sei, são outros tempos, mas o importante é como eles desenvolveram o exercício da participação.

SAÚL. E ainda mais agora, que existem meios digitais para todo mundo consultar qualquer coisa de forma quase instantânea.

PEPE. Exato! **Hoje é possível consultar uma nação em cerca de meia hora.**

SAÚL. E, sabe do que mais, senhor Pepe? Parece-me que isso significa algo importante, uma mudança potencialmente radical, e que graças a isso o poder quantitativo da massa possa finalmente se transformar em poder qualitativo.

PEPE. Sim, senhor!

SAÚL. E, se isso acontecer, quem vai deter as massas, a população, o povo? Ninguém!

PEPE. Verdade! A questão é que **esse mundo de inteligência digital cria as condições para uma humanidade totalmente diferente, e precisa desembocar em mudanças institucionais que hoje mal podemos vislumbrar.** Acho que uma possibilidade que os novos canais de comunicação abrem é uma forma institucional diferente de distribuir o poder e as decisões na sociedade, pelo menos teoricamente. O grau de participação que as pessoas podem ter com esses instrumentos digitais é muito maior do que qualquer coisa que já se sonhou ou imaginou antes. Para enxergar algo parecido, seria necessário imaginar como era uma assembleia ateniense, e esses canais de comunicação começam a abrir essa possibilidade. Mas não sei se, como humanidade, seremos capazes de ceder, de deixar as pessoas tomarem as suas decisões. As nossas "democracias" – democracias entre aspas – são excessivamente gerenciais, e aqui a questão é que as pessoas aprendam a se autogovernar. A possibilidade técnica existe, mas não sei se conquistaremos a vontade política para exercê-la.

SAÚL. Nesse sentido, o senhor colocaria a comunicação como uma peça-chave da revolução do século XXI?

PEPE. Sim, mas a comunicação usada como ferramenta de decisão. Não se trata apenas da comunicação no sentido tradicional, mas da comunicação como o registro das decisões que as pessoas podem tomar. **Não vejo razão para que, num bairro ou numa localidade qualquer, os próprios habitantes não possam participar de decisões fundamentais que precisam ser tomadas.** Pode-se fazer uma enquete diária – hoje nada impede isso tecnicamente – com os métodos que existem. O que falta é vontade política. E sei que não faltarão senhores que digam: "O povo não é informado, cuidado!"; depois a tecnocracia e a burocracia reagirão, porque isso lhes tira poder. Lembre-se de que, se o poder é transferido para o povo, alguém o está perdendo. **Mas a questão é que o povo decide muito pouco, e reduzir a democracia ao voto a cada quatro ou cinco anos é ridículo; chamar isso de *democracia* é absolutamente ridículo.** Temos uma enorme debilidade institucional. Essa é uma dívida pendente, e espero que as próximas gerações proponham mudanças institucionais nas formas de decisão!

Por isso, insisto que devemos voltar a estudar a democracia ateniense. Sabe por quê? Porque em nenhum outro momento da história foi possível a participação de tanta gente, e em nenhum outro momento da história – embora fosse uma sociedade de apenas 200 mil pessoas – tanta gente brilhante surgiu. A única explicação é que tinham uma comunicação e uma participação intensas, tratava-se de uma assembleia viva! Os governantes eram escolhidos por sorteio entre os cidadãos, você podia ser sorteado para ser governante ou jurado, e depois o julgavam na assembleia. Ou seja, a coisa pública estava ali o tempo todo, para todos. Quem fosse pobre [em Atenas] recebia subsídios para ir ao teatro, porque o teatro fazia parte da política, tudo era político. Nunca mais a humanidade fez uma experiência tão audaciosa. Temos que lembrar que de lá vieram Sócrates, Platão, Aristóteles, Diógenes, Fídias, Péricles, Eurípides, e aí a gente se pergunta: como isso foi possível?! São os fundadores da cultura ocidental, e numa sociedade tão pequena… A única explicação é o grau de participação que tiveram. **Não sabemos a riqueza que estamos perdendo por não deixarmos o povo participar.**

Agora, é verdade que isso das novas formas de comunicação é alentador, mas é o lado benigno da história. O lado triste é a gestão da opinião pública através de algoritmos, que permitem massificar a distribuição de comunicados pessoais a milhões de pessoas e, eventualmente, manipular suas decisões. Isso é assustador! Acho que nenhuma ditadura no mundo teve essa força, e a questão é se esse será o futuro.

SAÚL. Tem razão. E acho que, mais do que uma crise da democracia, vivemos uma crise da representatividade. O mero conceito de *democracia representativa* no século XXI parece um oxímoro, uma farsa. Então, como deveriam ser os partidos políticos do século XXI? Não vejo ninguém falando desse tema, por isso não me afilio a nenhum dos lados.

PEPE. Para ser sincero, não tenho clareza sobre isso. O que posso dizer é que a revolução digital tem tanta importância e tanto impacto que não acredito que a atual democracia representativa possa se manter assim, indefinidamente. Porque a capacidade de comunicação e de participação começa a ser quase infinita, e não acho que as instituições do futuro terão a ideia de representação que temos hoje. **Tenho a impressão de que a humanidade ou caminha para uma espécie de autocracia, ou terá que aprofundar imensamente a participação de todos os cidadãos em certas decisões fundamentais.** Ou seja, haverá um grande dilema: mais concentração do poder, ou uma democracia muito mais próxima da expressão plebiscitária e participativa, porque as ferramentas digitais já estão chegando a todos os lugares.

SAÚL. A partir de tudo isso comecei a desenvolver um projeto informático, um sistema de comunicação que tem a intenção de articular digitalmente o que o senhor costuma chamar de *sujeitos coletivos*. Penso que os sujeitos, em geral, têm pelo menos três características fundamentais: a capacidade de se informar, de decidir e de agir. Então, esse *sistema de comunicação articulada* pretende gerar sujeitos coletivos, aos quais eu chamo de *usuários coletivos*, e a intenção é que qualquer grupo de pessoas consiga se informar, decidir e agir coletivamente. Em outras palavras, estou tentando construir a primeira *rede social de usuários coletivos*. Eu poderia falar muito mais sobre o seu funcionamento, mas queria contar que esse projeto nasceu depois do *Yo Soy 132*, inspirado no senhor, no professor Chomsky e também em Julian Assange. E, bem, a vontade de reunir os senhores no documentário surgiu porque sei, por experiência própria, o impacto que a mistura das suas ideias pode ter – o que me parece inestimável e indispensável para o futuro. Quando conheci o professor Chomsky, em Boston, disse a ele que precisaremos dos seus ensinamentos por muitas e muitas décadas. Enfim, há tanta coisa que gostaria de conversar com o senhor... Algo central, que também inferi graças aos senhores, é que o revolucionário do século XXI não é mais aquele que toma o poder para distribuí-lo, mas sim aquele que distribui o poder sem tomá-lo. Sinceramente, já não me atrai a ideia de líderes ou dirigentes, e sim de articuladores. Confesso que as pessoas que querem governar outras, em geral, já não me agradam tanto. É como eu penso, e estou estruturando esse projeto.

PEPE. Vamos colaborar com você no que pudermos. Olha, se levamos tanto tempo para construir uma escolinha aqui do lado de casa, para contribuir com o bairro, como posso não participar de um projeto que quer mudar o mundo?

SAÚL. O senhor não sabe o que significa para mim ouvir isso.

PEPE. É que a sua inquietação reflete a preocupação de uma época. É uma época de questionamentos, experimentações, caminhos que são testados. E é lógico, já que o que mais cresce no mundo onde vivemos é a incerteza... Mas a questão é não se resignar a navegar na incerteza, deixando que outra pessoa conduza o destino. Devemos tentar traçar o nosso caminho! Vamos ver o que será sintetizado e o que permanecerá depois, mas devemos ter uma atitude libertária também no campo do pensamento. O que para mim está claro é que a nossa felicidade não pode ser ditada por um Estado que centraliza tudo, que acha que vai nos governar e até dizer a cor da manta com que devemos nos cobrir [diz, rindo, e bate a mão na mesa]. Simbolizei isso ao não usar gravata, porque, de toda a etiqueta [presidencial], essa era uma forma de manter um pequeno símbolo, sabe? Ninguém tem o direito de me impor o que devo vestir, pois eu luto por uma humanidade livre. Ou seja, como vamos decidir que roupa um cara vai usar? Isso é ridículo, não acha? Mas, bom, isso custa, tem que pagar uns pedágios... [diz, rindo].

Uma vez estavam me esperando na... [solta gargalhadas]. Acho que eu tinha que falar com o rei da Noruega numa entrevista, quando eu era presidente, e estavam me esperando com uma gravata para que eu usasse. Eu disse: "Ah, é? Não vou usar, eu não uso gravata. Vamos embora!" Então voltaram dizendo para eu não ir embora... [mais gargalhadas]. Isso é uma bobagem, mas é simbólico.

SAÚL. Entendo, o sentido subjacente é forte.

PEPE. Sim. Porque eu não ligo... Arrumam a mesa, colocam toalhas, tudo; tudo o que quiserem está bem para mim, mas não se metam com a minha liberdade. E é preciso começar a educar as pessoas em relação a isso, temos que lutar por isso, porque o socialismo não acontecerá daqui a cinquenta anos, quando chegarmos ao vigésimo plano quinquenal. O primeiro socialismo está em nós, e a primeira resposta é cultural! Nós, da minha geração, caímos na inocência de acreditar que, mudando as relações de produção, teríamos um novo homem. E o que surgiu foi uma burocracia que Deus me livre! Surgiu uma burocracia que nos sufocou [referindo-se à URSS], não é mesmo? Não sabemos que caminho seguir, mas não é esse [dá gargalhadas]. Discuti isso com [Hugo] Chávez. Disse a ele: "Olha, isso vai partir seu coração, e você vai consertar alguma coisa, sim, mas socialismo? Vai surgir uma burocracia que vai te matar, meu irmão!" [diz ele, rindo].

SAÚL. E aconteceu o que aconteceu... [insinuando a suspeita de assassinato de Hugo Chávez].

PEPE. É... [longa pausa]. Porque a nobreza interior [referindo-se a Hugo Chávez] não te garante que... Olha, se você não transfere para o próprio povo a capacidade de decisão, de compromisso, de sucesso e de derrota, você não consegue avançar.

16. POLÍTICOS E INTELECTUAIS

SAÚL. Senhor Pepe, nisso tudo, para o senhor, qual é o papel da política?

PEPE. Bem, penso que o homem é gregário. Não pode viver na solidão, precisa da sociedade – e a existência de uma sociedade, naturalmente, envolve conflitos. Alguém tem que mediá-los, e esse é o papel da política. É parte das relações humanas. Acredito, tal como Aristóteles, que o homem é necessariamente um animal político, mas a política não deve ser vista como uma profissão. É aqui que está o veneno da política: quando é vista como um produto de mercado, quando recorro à política para resolver meus problemas econômicos, quando espero não o que é social, mas o que é meu. Isso transforma a política em algo semelhante a um mercado, que é a contradição contemporânea.

Mas o problema das sociedades modernas é que elas são terrivelmente complexas. O conceito de *povo* que utilizamos significa que existe uma nuvem de interesses e pontos de vista por vezes contraditórios. Por exemplo, os partidos políticos se enfraquecem, mas os movimentos sociais parciais se multiplicam: os que lutam pelas tartarugas verdes, os que lutam pelos pântanos de tal lugar etc. Ou seja, há uma nuvem de problemas pontuais e uma impossibilidade de globalizar tais problemas. **Não sei se esse é um problema do momento ou uma situação definitiva, mas o que percebo, meu caro, é que a política é mais necessária do que nunca.**

A política não é uma ciência exata nem nunca será. A política significa às vezes ter que tomar decisões em meio a muitas incertezas, mas é preciso tomá-las. Sabe por quê? Porque se os *Homo sapiens* brigarem cada um pelo seu ponto de vista, e o interesse geral não for globalizado, ocorre um desastre. Para que o capital da sociedade sobreviva, a política precisa funcionar. É por isso que levo em conta aquele velho conceito de Aristóteles: "Os seres humanos são animais políticos." São políticos porque são gregários, porque criam a sociedade, mas a sociedade – cheia de contradições –, para sobreviver, depende da intervenção política, que garante a existência do *nós*. Caso contrário, é a pior maneira de voltar para a selva, todos contra todos.

Por isso insisto em dizer que o mais grave foi terem degradado a política, porque as pessoas que participam dela, muitas vezes adoentadas pelo capitalismo, têm a política como meio de se acomodar, de tentar alcançar status e enriquecer. E isso é o mesmo que cuspir na política, que deve ser, acima de tudo, o prazer da luta pelo bem comum, e não pelo bem individual. Isso talvez nem todos os seres humanos sintam, mas seria necessário saber escolher quais são capazes de pensar assim.

Muitas falhas políticas se devem a uma espécie de conduta fraudulenta. Parece que os políticos têm que ganhar muito dinheiro, que precisam de muito dinheiro porque desempenham uma tarefa importante. Precisam viver numa casa suntuosa, com muitos empregados, muita gente em volta bajulando etc., e deixam de ser republicanos. Lembremos que as repúblicas foram criadas para tentar afirmar, frente ao feudalismo, que ninguém é mais do que ninguém. Então não temos mais o senhor conde, mas temos o senhor senador, o senhor ministro, o senhor presidente e daí por diante; e isso acaba sendo uma fraude que prejudica as pessoas. Não são as instituições que falham, o que falha somos nós, seres humanos; e depois colocamos a culpa nas instituições. Não esperemos milagres. As coisas não falham, são os coisos é que falham [risos].

SAÚL. Pepe, o senhor foi presidente. Ser presidente é ter todo o poder?

PEPE. Não, imagina! É ser um velho figurão, só isso, para que as pessoas se divirtam criticando [risos]. Veja, o poder é escorregadio. Na verdade, o poder é distribuído entre aqueles que controlam a economia na sociedade. Portanto, ser presidente é tentar conciliar e negociar com as maiores contradições que surgirem, mas não significa ter o poder, isso é uma ilusão. O poder está em outros lugares, e existe, mas quase não se deixa ver.

SAÚL. Professor Chomsky, nesse sentido, qual seria, para o senhor, o papel dos intelectuais?

NOAM. Acredito que a função dos intelectuais é participar de organizações públicas e tentar contribuir para que ofereçam o que os privilegiados têm. Os intelectuais são simplesmente privilegiados, não têm nada de especial. Passam a ter um grau de privilégio que lhes permite se qualificar para participar de organizações públicas, nas quais contribuem com seu conhecimento e sua compreensão particular, como qualquer outra pessoa. Se falamos de energias renováveis, um cientista pode contribuir com o que sabe e entende. Um engenheiro, um construtor e um artesão podem contribuir com o que sabem sobre construir coisas. Foi assim que se desenvolveram os movimentos populares. Na verdade, se voltarmos a períodos como a década de 1930, muitos cientistas e matemáticos notáveis participaram diretamente dos programas de educação dos trabalhadores. Esse tipo de iniciativa com certeza pode ser tomada. É por isso que existe um livro como *Mathematics for the Million* [Matemática para milhões], escrito por um grande matemático, para o público em geral. É por isso que pessoas como Burnell, um cientista renomado, se envolveram diretamente em programas de educação popular. Essas são coisas com as quais os intelectuais podem contribuir.

17. A SABEDORIA DO CONDOR

PEPE. De dentro da nossa civilização, tem ocorrido, a longo prazo, uma construção monoteísta, filha das religiões e saudada pelo humanismo, que coloca o homem como o suprassumo da natureza viva. Isso nos faz pensar que, por termos poder, temos direito; e nossa cultura atual não tem humildade de se deter diante da magnitude do universo. Do ponto de vista antropológico, somos seres insuportavelmente petulantes. Achamos que temos muita importância, que tudo está submetido ao homem. Estamos cometendo uma barbaridade [sorri, ironicamente]. Não sei por que nossa vida vale mais do que a de uma barata, se depois das guerras nucleares só elas sobreviverão, e nós desapareceremos! [risos].

NOAM. Essa é uma contribuição que as sociedades indígenas [o Povo do Condor] estão dando à civilização moderna. Como você sabe, é claro, a Bolívia e o Equador – países com grandes populações indígenas – instituíram os direitos da natureza, até mesmo constitucionalmente [no Equador]. **Essa luta pelos direitos da natureza é uma contribuição para a vida supostamente civilizada que, na verdade, vem das sociedades indígenas e tribais do mundo.**

PEPE. Mas, pelo visto, estamos cada vez mais loucos; em vez de escutá-los e de lutarmos para solucionar o problema ambiental, decidimos nos destruir e nos matar, cada vez mais, em escala industrial. E agora soam os tambores da guerra na nossa civilização [faz referência à guerra na Ucrânia], quando precisamos exatamente do contrário.

NOAM. Há muitos motivos para preocupação. Podemos começar pela região onde Pepe vive. Logo ao lado, no Brasil, país natal da Valeria, o governo está destruindo a esperança de sobrevivência humana, e isso não é exagero. A destruição da Amazônia – mais acelerada do que nunca durante o governo Bolsonaro – é não só uma condenação do Brasil a um futuro cruel e horrível, mas uma desgraça para a sobrevivência de toda a espécie humana, dada a importância do papel que a Floresta Amazônica tem na ecologia global. E também porque estão sendo devastadas muitas comunidades indígenas que sobrevivem ali.

Comunidades indígenas ao redor do mundo, comunidades tribais no Brasil, povos das Primeiras Nações no Canadá, sobreviventes do extermínio de nativos nos Estados Unidos, povos aborígenes na Austrália, povos tribais na Índia – **todos eles estão tentando nos mostrar, desesperadamente, como sobreviver em interação com a natureza de uma forma que a preserve e não a destrua. O que nós [o Povo da Águia] sabemos é como destruir.** Nós, seres humanos modernos, demonstramos que a nossa capacidade técnica para destruir é ilimitada. Desde o dia 6 de agosto de 1945 [ataque atômico dos EUA em Hiroshima, Japão], um dia que não pode ser esquecido, os homens mostraram que logo seriam capazes de acabar com tudo. Foi um ponto de inflexão na história da humanidade. A questão é se os seres humanos terão capacidade moral para controlar esses impulsos, e sobre isso podemos aprender com as comunidades tribais de todo o mundo, que têm feito esse controle com sucesso há milhares de anos. Não quero romantizar, mas é verdade: podemos aprender com eles. No entanto, infelizmente, não temos muito tempo para aprender.

Pepe, gostaria de saber a sua opinião sobre os conflitos que, por exemplo, [Evo] Morales teve com alguns grupos indígenas ao realizar projetos de desenvolvimento em seus povoados.

PEPE. Sim, há uma grande contradição que também se viu muito no Equador. É o desenvolvimento atacando Pachamama e certas tradições indígenas. Um problema difícil, muito difícil. Mas, atenção: também existe na América um ambientalismo infantil, próprio de alguns círculos meramente intelectuais e bastante desconectados da realidade. Eles surgem através de ONGS, ora com financiamentos do exterior, ora de movimentos internacionais, mas não vivem do trabalho da terra; vivem do mundo midiático e da difusão de questões de serviço, mas geralmente não participam do trabalho real. E o problema é que muitas comunidades indígenas são influenciadas e utilizadas por esses círculos.

NOAM. Agora, e as comunidades indígenas que não são influenciadas por essas ONGS estrangeiras? Você não acha que existe um esforço indígena sério e autêntico para preservar suas próprias culturas e sociedades perante os programas de desenvolvimento?

PEPE. Acho, sem dúvida! É o caso da cultura aimará, e também das tradições quíchua e guarani. Sim, há coisas muito sérias no mundo indígena, com certeza. Imagine você, há lugares onde é sagrado não cavar poços profundos na terra, e eles têm razão!

NOAM. O que você acha da preocupação que [as comunidades indígenas] têm com a construção de grandes projetos de infraestrutura que afetam os territórios onde vivem e trabalham?

PEPE. É problemático. Principalmente a mineração e o petróleo, que criam problemas ambientais.

NOAM. Você vê alguma maneira de conciliar as metas de desenvolvimento e os interesses indígenas?

PEPE. Acho que é preciso negociar essas coisas, e temos que ter políticas de muita paciência e participação popular. Se as pessoas não estiverem convencidas, os conflitos se multiplicam. A questão é que o homem branco cometeu muitas atrocidades.

NOAM. No passado, mas e hoje? Continua igual?

PEPE. Acho que agora [o homem branco] tem ferramentas para ver coisas que antes não via, mas o capitalismo é cego, ou melhor, tem bolsos e nada mais.

NOAM. É verdade, mas o problema que considero mais preocupante é: os governos provenientes de maiorias indígenas, como os de [Rafael] Correa ou [Evo] Morales, podem empreender programas de desenvolvimento que sejam coerentes com o autêntico interesse da população indígena?

PEPE. Tudo isso é um desafio, porque está sujeito à luta de classes que se dá dentro dos próprios países. Por exemplo, Evo teve que lutar com uma oligarquia agroexportadora de Santa Cruz de la Sierra, cujos interesses não necessariamente coincidem com os do altiplano [área eminentemente indígena], e essa foi uma luta desafiadora. Correa viveu situações parecidas no Equador: enfrentou um líder bancário abertamente pró-oligárquico, que agora é presidente [Guillermo Lasso] – o que é uma expressão da direita estadunidense, republicana, dentro do Equador. A Colômbia tem 21 milhões de trabalhadores, dos quais espera-se que 1 milhão possa se aposentar um dia. Ou seja, a situação da América Latina é muito variada, há grandes diferenças de um lado para o outro.

IV.

O QUETZAL

18. A REVOLUÇÃO DOS USUÁRIOS

Filhos do neoliberalismo e nascidos entre 1981 e 2012, nós, das gerações *millennial* e *centennial*, seremos responsáveis pelas próximas décadas, que serão as mais complexas e perigosas da história da humanidade. A civilização autodestrutiva que estamos herdando é ecológica, econômica, política e socialmente insustentável, e o seu colapso iminente é acelerado pela probabilidade de uma catástrofe nuclear, climática, tecnológica – ou por uma combinação de todas elas. O que há de inédito na crise em questão é que qualquer uma dessas catástrofes excluiria precipitadamente a possibilidade de sobreviver ao século XXI, e o consenso científico avalia que todas elas nos atingirão antes de 2050. Nunca antes duas gerações enfrentaram um desafio e uma responsabilidade dessa ordem.

Fomos apelidados de *geração cristal*,* mas, mesmo que o parágrafo anterior possa parecer uma visão excepcionalista ou vitimizadora, trata-se apenas da realidade que temos diante de nós. E, embora seja verdade que desde 1945 tenha aumentado o perigo de uma guerra nuclear com potencial para acabar com a vida no planeta, nunca na história estivemos tão perto dessa guerra suicida – nem mesmo durante a chamada *crise dos mísseis*, em 1963 –, e essa é apenas uma das ameaças extremas com as quais é preciso lidar hoje em dia.

Diante desse cenário, é evidente e incontestável que os líderes políticos e econômicos do mundo não estão à altura dos desafios do

---

* O termo, cunhado por Montserrat Nebrera, professora da Universidade Internacional da Catalunha, identifica os filhos da geração X, fazendo referência à suposta fragilidade e pouca tolerância à frustração que essas pessoas experimentam. [*N. E. Bras.*]

século XXI, pois, sob as rédeas dessa elite minúscula, seguimos avançando com desenvoltura na trilha da autodestruição – e, ao mesmo tempo, causando a extinção em massa de outras espécies, de um jeito que não se via há milhares de anos. Sem falar nos níveis inconcebíveis de desigualdade aos quais essas lideranças nos levaram.

Analisando a nossa civilização como um organismo em processo de desenvolvimento, podemos afirmar, para o bem e para o mal, que ela está no auge da adolescência. Isso significa que, depois de adquirir capacidades técnicas e intelectuais radicalmente superiores, ela não é capaz de dominá-las – o que representa um perigo para si mesma, se não passar rapidamente para a idade adulta.

Poderosa e irresponsável, frenética e instável, a humanidade deve se tornar adulta nas próximas décadas, caso contrário nossa espécie se autodestruirá ou, com um pouco de sorte, retornará à era dos gravetos e das pedras para começar de novo. Essa é, simplesmente, a missão histórica dos *millennials* e *centennials*: construir uma civilização de adultos capaz de remediar a tempo a imaturidade programada que ameaça exterminar o futuro da espécie humana.

Adulto é aquele que se responsabiliza por sua própria vida, um indivíduo que toma decisões e assume as consequências com autonomia e independência. No entanto, embora as nossas sociedades estejam repletas de gente maior de idade, o mundo carece de cidadãos plenamente adultos, porque, por razões estruturais, estamos impedidos de sê-lo. Mas mudar esse esquema social é impossível, até que se reconheça que decidir quem decide não é o mesmo que decidir e, consequentemente, não é democracia votar a cada quatro ou seis anos em quem fará todas as demais escolhas. Portanto, esse problema gigantesco é fundamentalmente político – um conflito sobre quem decide o que dentro do grupo. Contudo, no século XXI a solução já não é substituir a elite que temos por uma melhor; esse paradigma ficou para trás no início do Antropoceno, que é algo como a maioridade em termos civilizacionais. Agora, nós, jovens, devemos compreender e demonstrar que o problema não é a nossa classe política, o problema é a política ser uma classe. Por isso, o paradigma atual deve ser o de nos autogovernarmos e não entregarmos o nosso destino aos outros; e, por *outros*, refiro-me novamente àquela pequena elite de governantes e de bilionários que, juntos, caberiam numa sala de cinema, mas que controlam o destino de 8 bilhões de seres humanos.

Mas como podemos nos autogovernar? Ninguém pode responder a isso de forma absoluta. Sabemos apenas que terá que ser um processo de tentativa e erro que, como em todos os casos, terá etapas. Portanto, nesse início da vida adulta – que pode durar décadas ou séculos, não sabemos – o objetivo não é eliminar o Estado de um dia para o outro. Isso não é possível nem desejável, porque, se o fizéssemos, quem assumiria de imediato todas as atribuições estatais? Por outro lado, o autogoverno não significa que as hierarquias – que determinam que uma pessoa comande e outra obedeça – sejam ilegítimas em si mesmas, muito menos numa sociedade complexa e especializada. Mas essas hierarquias não deveriam existir se não estiverem sujeitas a um regime democrático eficaz. Em termos de governo, isso significa que a vontade dos cidadãos deve determinar as políticas públicas que os governantes executam, ainda que tenhamos vivido duzentos anos de *democracia representativa* comprovando que essa é, precisamente, a exceção à regra. Nossos representantes populares não atendem à vontade ou às necessidades daqueles que representam, atendem principalmente aos seus próprios interesses, e é por isso que a luta deste século é nos governarmos coletivamente com participação direta, não nos subordinarmos, em massa, a poucas pessoas que decidem tudo – alegando que os demais são incapazes de fazê-lo.

Acredito que nós, adultos – ou cidadãos do século XXI –, não precisamos de representantes. E modificar isso é um processo que deve ser construído a partir da base da pirâmide social, primeiro criando consciência política e, depois, implementando mudanças institucionais que empoderem o cidadão através de sua participação no governo.

Para isso, as gerações *millennial* e *centennial* devem iniciar um processo progressivo de transferência do poder de decisão para as massas através do plebiscito, do referendo e de outros instrumentos ou instituições pertinentes, como as empresas cooperativas (organizações produtivas nas quais o trabalhador participa da propriedade e das decisões) na esfera produtiva e trabalhista. Em termos gerais, temos apenas duas opções: ou alguns mandam, ou todos mandamos. A primeira opção já fracassou de forma desastrosa, enquanto a Grécia Clássica viveu um esplendor pelo simples exercício da participação popular. De fato, Atenas era uma sociedade pequena, mas o hábito de decidir coletivamente é um mero processo de comunicação, e alegar limites técnicos para o exercício de um sistema semelhante em grande escala, na era digital, é absurdo – embora certamente vá exigir a construção de novas ferramentas. Devemos reconhecer a tempo que, se a política – ao contrário de quase tudo – ainda não foi digitalizada, é porque isso não convém aos intermediários, isto é, governantes e elites econômicas. Portanto, a chave é a descentralização do poder, e não me refiro apenas às criptomoedas ou aos diferentes usos que podemos fazer da tecnologia *blockchain*.* Refiro-me à politização massiva do povo – que é o tipo de educação mais urgente neste momento –, baseada no exercício diário de decidir e encarar as consequências das deliberações na esfera pública. Isso é ser um cidadão adulto.

Atualmente só alguns decidem pela imensa maioria, e o problema deste sistema é que a minoria dominante – situada no topo da pirâmide socioeconômica – não sofre as consequências das decisões que toma em nome de toda a população. Pelo contrário: geralmente se

* Tanto os *bitcoins* como a *blockchain* fazem parte de um sistema descentralizado de finanças. A tecnologia *blockchain* (cadeia de blocos) funciona como um livro contábil que possibilita o compartilhamento transparente de informações na rede de uma empresa. Tem como características a descentralização, a transparência e o livre acesso, além da imutabilidade. Surgiu em 2008, no contexto da criação dos *bitcoins*, de maneira a garantir que essa criptomoeda não fosse falsificada ou clonada durante as transações financeiras. [*N. E. Bras.*]

beneficia em detrimento da maioria, e é isso, exatamente, que deixou de ser viável.

Agora, nós, jovens, devemos mudar a nossa estratégia para interromper esse sistema de política centralizada, construindo algo novo. A luta agora é por tornar os administradores do sistema atual tão obsoletos quanto os filmes em formato VHS ou a música em CD, e isso implica construir, de forma autônoma e coletiva, modelos de organização paralela mais eficientes do que o modelo que justifica a existência tanto do monopólio do poder quanto dos representantes tradicionais. Portanto, além de combatê-los frontalmente, devemos criar condições para que esses intermediários entre o poder e o cidadão se extingam pela sua própria natureza, que é ineficiente e injusta – e, neste momento civilizacional, é, inclusive, suicida.

Os usuários devem governar o sistema, o que, sem dúvida, seria revolucionário, mas tal proeza civilizacional requer uma mudança cultural que coloque no centro o paradigma da autodeterminação coletiva. Isso exige que, no século XXI, o revolucionário não seja mais aquele que toma o poder para distribuí-lo, mas sim aquele que distribui o poder sem tomá-lo. Desse modo, hoje a luta não é para governar o povo, é para que o povo possa se governar. E, a essa altura do campeonato, acho que dizer o contrário é falta de civilidade.

É também vital notar, neste processo político, que a luta pelo ciberespaço e pelo domínio da comunicação é fundamental, pois, sendo a internet a primeira ferramenta que permite à humanidade conversar entre si, o propósito de articular massivamente os cidadãos deve fazer uso dessa oportunidade inédita. Infelizmente, a *era da conectividade* prometia liberdade e aproximação interligando pessoas do mundo todo, mas aconteceu algo muito diferente. Na verdade, a *conectividade* nos acorrentou a certos monopólios digitais nos quais o usuário é a mercadoria, uma vez que nem o Google nem o Facebook são serviços [completamente] gratuitos. O valor de mercado dessas empresas poderosas é estabelecido em função da sua capacidade de extrair informações privadas (dados e metadados) do usuário e da sua capacidade de influenciar as suas decisões, através do estudo ilícito e constante de padrões comportamentais – para o controle massivo de informações personalizadas. Isso crescerá exponencialmente com a chegada da inteligência artificial (IA) ou das chamadas AI *powered propaganda machines* (máquinas de propaganda operadas por IA). Essa é a humanidade que, para permanecerem no poder, os administradores do sistema tentam construir a qualquer preço; inclusive à custa do colapso civilizacional, uma vez que os interesses dessa minoria são incompatíveis com a subsistência da humanidade e da maior parte da vida na Terra.

Na guerra pelo ciberespaço – que nós, jovens, devemos travar com muito mais determinação do que demonstramos até agora –, é bom reconhecer que a batalha pela privacidade foi perdida, já que dentro de um sistema capitalista nunca conseguiremos que empresas como Google e Facebook respeitem o usuário. Contudo, isso não encerra a guerra, exige apenas uma mudança de estratégia. Tal mudança supõe que, se não conseguirmos controlar esses monopólios digitais, devemos deixar de depender deles, para que não possam nos controlar. E isso envolve uma luta com objetivos e táticas distintas, pois implica construir coletivamente plataformas alternativas e descentralizadas, que articulem os usuários em torno de seus interesses comuns.

Para sair da armadilha da *conectividade*, devemos avançar para uma era de *articulação* em que uma aldeia, uma cidade, um país inteiro, uma empresa ou qualquer grupo possa começar a se informar, decidir e agir coletivamente, com autonomia e sem intermediários, através de plataformas descentralizadas. Porque estar junto, como impõe a *conectividade*, não é o mesmo que estar unido, como propõe a *articulação*. Da mesma forma, há muita diferença entre estarmos todos acorrentados a alguns monopólios digitais e estarmos articulados, entre nós, com plataformas descentralizadas que constituam *sujeitos* (usuários) *coletivos digitais* altamente eficientes.

A *comunicação articulatória*, que pode ser entendida como a instrumentação tecnológica da democracia direta, geraria um insumo democrático indispensável e, até agora, ausente: a opinião pública em tempo real. A representatividade – origem da atual crise democrática – nunca prestou atenção à sua função primária e elementar: representar a vontade dos cidadãos. E não o faz porque ninguém se encarregou de que a opinião pública, fidedigna e aberta, esteja disponível para consulta dos cidadãos e dos seus representantes. Sendo assim, como os representantes podem atender às vontades daqueles que representam? Como se mede o déficit democrático (falta de alinhamento entre a opinião pública e as políticas públicas) em uma sociedade? A opinião pública é um fantasma, e afirmar que vivemos em democracia quando há essa ausência elementar é um absurdo que, além de impedir o exercício democrático de qualquer sociedade, deixa um vazio no qual a opinião publicada e difundida pelos meios de comunicação privados preenche o espaço que corresponde à opinião pública e à vontade popular. Se a maioria das pessoas se torna politizada (educada politicamente) através dos meios de comunicação, é porque não pode fazê-lo pela participação direta.

Por isso, viabilizar o acesso à opinião pública em tempo real é uma tarefa inadiável, e tão urgente quanto é a tomada coletiva dos meios de comunicação através do desenvolvimento de plataformas digitais autônomas, que permitam aos cidadãos se informar, decidir e agir coletivamente. Isso daria início à *inteligência coletiva* como uma área de estudo e desenvolvimento tecnológico, com fins especificamente democráticos. E a diferença entre a inteligência coletiva e a inteligência artificial é que a primeira é construída organicamente entre os cidadãos, enquanto a outra é construída a partir de máquinas controladas pelos seus donos. Por isso, em vez de tentar controlar a opinião publicada por mídias privadas – algo tão complexo como tentar controlar o Google ou o Facebook –, é preciso fortalecer a opinião pública, tornando-a presente para que exerça o seu papel com eficácia. Enquanto não pudermos consultar a opinião pública, é praticamente como se ela não existisse. O poder está em decidir; e a possibilidade de construir uma civilização biocêntrica e tecnológica, capaz de sobreviver ao século XXI, depende da nossa capacidade de transferir o poder de decisão para as massas no futuro imediato, desmontando o mito de que os cidadãos são apáticos e incapazes de participar.

Nós, jovens, devemos interromper o modelo civilizacional que herdamos e construir, em tempo recorde, as bases para uma convivência global que nos permita restaurar equilíbrios vitais, sem limitar o nosso desenvolvimento social e tecnológico. Embora saibamos que a concentração de poder em poucas mãos – e a estrutura hierárquica das sociedades – não é novidade histórica, durante o Antropoceno a nossa civilização se transformou progressivamente numa força geológica capaz de interromper, em escala global, os ciclos do ecossistema necessários para a subsistência de todas as espécies que conhecemos, e isso mudou tudo.

Poderosa, impulsiva, em plena crise de identidade e com um terrível déficit de autocontrole, a nossa civilização está dando um grande salto qualitativo como adolescente, e isso está provocando a autodestruição do nosso lar e a extinção em massa de espécies de todos os cantos do planeta. Não por acaso, as instituições que nos trouxeram até aqui atravessam uma profunda crise de credibilidade no mundo inteiro, enquanto a polarização política cresce nas ruas, refletindo o estado de incerteza e confusão que qualquer adolescente atravessa ao tentar definir o seu lugar no mundo. E tudo isso é potencializado por novas formas de comunicação, convivência e pertencimento, que, quando são digitalizadas, modificam o fluxo da informação e o tecido social. Com todas essas mudanças, estamos diante de um processo de adaptação que requer um tempo que não temos. No entanto, não há luta mais importante do que esta, e devemos tomar as rédeas desse problema imediatamente.

É preciso que fique claro que não vivemos numa democracia. Sob essa farsa, os líderes políticos e a doutrina econômica que hoje impera ainda revestem seus discursos com o conceito de democracia, mas ela está morta, e com seu cadáver se oculta a plutocracia, que é o inviável governo dos mais ricos e a raiz do problema humanitário. A humanidade pode ser sustentável neste planeta, o que não se sustenta é a dominação globalizada – por isso, a solução é que os usuários governem o sistema.

É preciso que fique claro que não estamos contra a democracia. Nós criticamos as táticas políticas e a doutrina econômica que hoje imperam [illegible] e têm em seus discursos o conceito de democracia, mas a [illegible], como se [illegible] a democracia que é inviável [illegible] dos mais ricos é a raiz do problema civilizatório. A humanidade pode ser superada neste planeta mesmo se [illegible] a dominação globalizada – por isso a solução é que [illegible] o sistema

19. *MILLENNIALS* E *CENTENNIALS*: HÁ UM FUTURO LÁ FORA

NOAM. Acho importante notar que há alguns sinais positivos: [Jeremy] Corbyn na Inglaterra, [Bernie] Sanders nos Estados Unidos… A meu ver, essas são fontes de grande esperança.

PEPE. Concordo!

NOAM. Sanders é a novidade mais incrível da história política estadunidense recente, e agora é a figura política mais popular. Corbyn é parecido: uma pessoa decente, sem qualquer apoio financeiro, duramente atacada pelos meios de comunicação de quase todas as linhas políticas – incluindo meios de esquerda moderada, como *The Guardian* e outros – e odiada pelos parlamentares e dirigentes de seu partido [o Partido Trabalhista]; esperava-se também que perdesse as eleições internas de maneira calamitosa, mas a sua eleição aumentou o voto a favor dos trabalhadores de uma forma que não se via desde 1945. Foi uma grande conquista! Ele não ganhou as eleições, mas esteve muito perto. E penso que esses são sinais significativos de evolução. Tanto Sanders quanto Corbyn demonstraram que existe um eleitorado real para programas de esquerda. Sanders até usou a palavra *socialismo*, que, nos Estados Unidos, é um termo impronunciável.

PEPE. É verdade! Dizer isso nos Estados Unidos é um pecado político.

NOAM. Sim, um pecado, mas não importou! Sanders recebeu um apoio enorme dos mais jovens. **Entre o eleitorado jovem, esses projetos de**

esquerda são muito populares, e ele está muito acima de qualquer outro político – o que é um sinal muito positivo. Até mesmo na Europa continental há novidades importantes, como o movimento que Yanis Varoufakis está organizando, o DiEM25,* que vem crescendo e se desenvolvendo. É parecido com o fenômeno de Sanders e Corbyn: um sucesso popular da esquerda democrática séria, que acredito ter muito potencial.

PEPE. Sem dúvida.

LUCÍA. O Podemos,** na Espanha.

NOAM. Sim, o Podemos. A prefeita de Barcelona é uma pessoa muito progressista. Ela e seus assessores, que nós [Noam e Valeria] conhecemos, são surpreendentes.

PEPE. As prefeitas de Madri e de Barcelona são muito interessantes.

NOAM. Pois é, são pessoas muito interessantes. Outros sinais positivos são, por exemplo, o desenvolvimento tecnológico e o custo das energias renováveis, que continua baixando rapidamente. Inclusive nas regiões mais reacionárias dos Estados Unidos há uma tendência a utilizar energias eólica e solar, porque estão ficando cada vez mais baratas, de maneira que, apesar de todos os interesses contrários, há uma possibilidade

* Em 2016, Yanis Varoufakis, ex-ministro de finanças da Grécia, lançou o movimento DiEM25: Movimento Democracia na Europa (Democracy in Europe Movement); 2025 é a data-limite proposta pelo grupo para seus princípios serem colocados em prática. São eles: "Green New Deal para a Europa – bem como [...] um sistema democrático, ecológico, feminista, pacífico, não explorador e livre de patrões capitalistas, burocratas estatais não eleitos e de qualquer tendência para colonizar." Cf. <diem25.org/pt>. [*N. E. Bras.*]

** O Podemos, partido de esquerda espanhol, foi fundado em 2014 por um grupo de professores de ciências políticas, entre eles Pablo Iglesias e Irene Montero. Teve grande crescimento nos seus primeiros anos, mas em 2024 vem enfrentando grande queda de popularidade. [*N. E. Bras.*]

real de que as coisas mudem. Mas ainda não está claro qual das duas tendências vai prevalecer, a da destruição ou a que oferece uma saída.

PEPE. Estou de acordo. Há reações positivas, mas o perigo é o egoísmo cego do próprio capitalismo, capaz de criar contradições intransponíveis. Vai depender da luta, nada está determinado. **Tudo dependerá da capacidade que tenhamos – sobretudo dos jovens – de redirecionar o rumo do navio.**

NOAM. Há movimentos sociais que estão na luta. Refiro-me aos ativistas populares, que podem tomar medidas para construir os meios para uma sociedade habitável no futuro – e podem fazê-lo ainda na situação política atual, que é desfavorável. Por exemplo, os líderes políticos estadunidenses são extremamente perigosos, mas, ao mesmo tempo, há processos positivos em curso. Apenas no que se refere à questão climática, sob a administração de Trump – e os republicanos são ultrajantes –, as comunidades, inclusive as conservadoras, como San Diego, que têm maioria republicana, estão avançando para um modelo totalmente baseado em energias renováveis. Em algumas das antigas áreas industriais, onde ficam as fábricas, o sistema industrial está praticamente falido, e agora há um crescimento de empresas cooperativas, que são propriedade dos trabalhadores. Esse é um desenvolvimento bastante promissor, que pode mudar a natureza da sociedade, se continuar se expandindo. Existem processos animadores que surgem de baixo para cima, mesmo sob uma liderança política destrutiva. Acho que isso está acontecendo no mundo todo, e os jovens estão atentos. Esses são verdadeiros sinais de esperança.

Como mencionei, San Diego, que é uma cidade conservadora, está agora se encaminhando para depender totalmente de energias renováveis. Massachusetts, um estado progressista, tem programas e processos para eliminar os combustíveis fósseis nos próximos vinte ou trinta anos. O Texas, que é um estado muito reacionário, agora depende em grande medida da energia eólica, simplesmente porque, em termos econômicos, é mais vantajoso. Assim, observam-se muitos progressos, inclusive que se opõem ao governo nacional, e que parecem ter potencial de superar as políticas destrutivas deste governo. Vemos isso em muitos lugares, e, muitas vezes, surge de baixo. A população está preocupada, entende o problema e tenta criar um ambiente habitável nas redondezas, mas também tem se beneficiado economicamente, pela simples razão de que as energias renováveis estão ficando mais baratas do que os combustíveis fósseis. Além disso, empregam muito mais gente, de modo que há muitos trabalhadores interessados nelas. Em suma, há tendências positivas diante de políticas governamentais extremamente reacionárias.

No entanto, o que está atrasando a opinião pública nos Estados Unidos sobre essa questão não é a pressão corporativa, mas sim a pressão religiosa. A comunidade evangélica se opõe às energias renováveis por uma razão específica: espera a segunda vinda de Cristo. Então, para que se preocupar com energias renováveis? Na verdade, 40% da população pensa que as mudanças climáticas não podem ser um grande problema porque Cristo virá em breve, e isso não resulta de uma manipulação pública vinda de cima, mas de um problema cultural profundamente enraizado na sociedade. Por diversas razões históricas, os Estados Unidos têm uma sociedade bastante religiosa desde as suas origens, e esse é hoje um fator relevante para a parte do país que está politicamente organizada. Mas essa não é uma estrutura monolítica. Há divisões internas, e a questão pode crescer ainda mais. Eu poderia dar dezenas de exemplos, sempre há caminhos que podemos seguir. Em certa medida, limitada, isso vem sendo feito, e pode ser feito de forma muito mais ampla, levando a mudanças substanciais na sociedade, sem nenhuma necessidade de questionar se é preciso tomar o poder.

* * *

PEPE. Não tenho o consolo de enxergar bem como será o futuro, mas algumas coisas estão explícitas. Há um inconformismo crescente nos lugares onde há mais riqueza e mais cultura acumulada, que é nas universidades ocidentais – e penso que ali está a possível fagulha de um mundo diferente. Pode acontecer ou pode falhar, não sei, mas essa fagulha não está no seio das nossas sociedades, das quais se observa a vitrine das maravilhas da cultura ocidental. Deslumbrados, todos querem ir para os Estados Unidos, todos os pobres querem entrar na Europa rica e tudo o mais. Estamos adorando essa porcaria – mas de dentro da porcaria! Sanders não apareceu por acaso, e o melhor dos Estados Unidos está na base, nos corredores das universidades, que não representam Trump, são outra história.

Acho que neste mundo vai haver cada vez mais importância, porque o próprio desenvolvimento econômico e tecnológico precisa disso cada vez mais, o problema é não conseguir digeri-lo a tempo. Sabe qual é o meu único receio? A perda da coragem que os povos primevos [o Povo do Condor] têm, a perda dessa firmeza que será cada vez mais importante para garantir a sobrevivência da nossa espécie, entende?

SAÚL. O senhor acha que as novas gerações têm uma fraqueza inerente?

PEPE. É uma geração muito mais inteligente e qualificada, que tem muito mais recursos intelectuais, mas é fraca, porque o progresso tecnológico, naturalmente, vai causando isso. Essa geração terá que passar por muitas dificuldades e decepções. Essa é a minha dúvida, se terão a força que os desafios exigem. Mas viver é também duvidar, e quem duvida é o meu raciocínio; minhas entranhas não duvidam, elas são otimistas. Acredito no ser humano, enquanto a minha racionalidade duvida dele. Mas a humanidade, os seres humanos, não é só racionalidade.

SAÚL. São sentipensantes?*

PEPE. Isso! Começamos sentindo, depois pensamos e encontramos as razões dos nossos sentimentos. E deveria ser o contrário. O que acontece é que a minha geração tem um avô racionalista, jacobino, que endeusou a razão, e isso foi nos acompanhando. Assim, nossa inclinação sempre é pensar em termos programáticos e tal, mas… Olha, já se passaram cem anos desde a Revolução Russa, cinquenta desde a morte de Che Guevara, mas as novas gerações não param de chamar minha atenção. O que mais me impactou foi o que vi nas universidades do Japão, em Oxford, nas universidades mexicanas… Na base do mundo universitário há algo latente, que talvez o mercado absorva, e talvez não, não sei, mas é lá que está o mundo relativamente contestador, questionador, aquele que elabora problemas. Além disso, pela necessidade de satisfazer a economia, esse setor universitário tende a crescer, porque o próprio capitalismo precisa de cada vez mais gente qualificada – o que tende a substituir a ideia que tínhamos da classe trabalhadora de macacão e tal. **O sujeito revolucionário mudou, não é mais a fábrica com mil caras, como no século XX. Acho que agora o eixo está nas universidades. É por isso que, a meu ver, o trabalho político no âmbito da universidade é estratégico.**

* * *

SAÚL. Professor, que paradigmas o senhor acha que nós, da esquerda, especialmente os jovens, devemos adotar para desenvolver uma

* "*Sentipensar* é uma palavra que pessoas e pescadores afrodescendentes utilizam em muitas comunidades ribeirinhas da Colômbia. 'Sentipensar significa agir com o coração usando a cabeça', como um pescador do rio San Jorge, no Caribe colombiano, explicou ao sociólogo Orlando Fals Borda em meados dos anos 1980". Cf. verbete "*Sentipensar*", de Patricia Botero Gómez, presente no livro organizado por Ashish Kothari, Ariel Salleh, Alberto Acosta, Arturo Escobar e Federico Demaria, *Pluriverso: dicionário do pós-desenvolvimento*, São Paulo, Elefante, 2021, pp. 510–514. [*N. E. Bras.*]

sociedade tecnológica e politicamente avançada, capaz de enfrentar os desafios do século XXI?

NOAM. Acho que há correntes significativas na esquerda que respondem a essa questão, ideias que surgiram da esquerda libertária, incluindo o anarquismo marxista de esquerda. Sinto que, na teoria social e no nosso entendimento geral da sociedade, o que alcançamos é muito superficial. Realmente não acho que existam paradigmas radicalmente novos que possamos vir a descobrir. Acho que eles estão aí, costumam reaparecer no decorrer da história.

Ao longo da história da humanidade sempre houve uma tendência que muitas vezes é reprimida, mas muitas vezes reaparece. Essa tendência procura estabelecer acordos institucionais pelos quais as pessoas controlam suas próprias vidas, tomando suas próprias decisões, sem seguir hierarquias ou autoridades. Isso se manifesta em todas as dimensões da vida, seja na estrutura social ou nos direitos das mulheres, em todos os lugares; e **penso que o paradigma da esquerda é precisamente este: fomentar tendências libertárias.** E não me refiro a libertárias no sentido estadunidense [anarcocapitalismo]! Refiro-me às autênticas tendências libertárias de esquerda, que desafiam e superam a hierarquia e a autoridade, que colocam as decisões da vida nas mãos do povo, desde a propriedade e o controle de uma empresa pelos trabalhadores até a eliminação das estruturas familiares patriarcais – ou de quase qualquer outra estrutura social que se possa imaginar.

Acredito que uma tarefa permanente da esquerda é criar as condições nas quais as pessoas possam desenvolver seus próprios impulsos interiores, construindo assim modelos culturais que sejam apropriados para elas, de muitas maneiras diferentes. Refiro-me a libertar a população, eliminando restrições e barreiras do sistema que impedem o seu desenvolvimento. E esses são velhos princípios da esquerda: aparecem na tradição anarquista dos tempos modernos, na esquerda marxista antibolchevique, de todos os lados. Acho que só temos que incentivar e desenvolver essas ideias, encorajar as pessoas a superarem seus próprios entraves psicológicos, libertando-se de raciocínios como: "Tudo bem, estou disposto a cumprir ordens, desde que tenha muitos *gadgets* [dispositivos eletrônicos] na minha casa."

Precisamos superar essa situação. Tudo isso foi compreendido no início da revolução industrial, e pode ser resgatado! Acho que essas são as tarefas da esquerda, em todos os aspectos da vida e da organização social: ampliar a liberdade e seu exercício, permitir que todas as pessoas se beneficiem da riqueza cultural do passado e de outras civilizações, e possibilitar que desenvolvam seus próprios recursos internos para criar a cultura de amanhã – mas em liberdade. E olha que tarefa para a esquerda!

PEPE. Sim! Mas ninguém vai criar aquilo que não pratica, por isso é preciso recuperar essa consciência da esquerda!

NOAM. Uma das coisas que aprendi com Valeria foi a levar muito mais a sério a mensagem básica de Paulo Freire, que diz que não se ensina às pessoas, mas, sim, se aprende com elas. E creio que qualquer bom professor concordaria com isso. Ao falarmos com os jovens, acho que devemos encorajá-los a pensar por si próprios e a compartilhar conosco o que pensam ou querem fazer, para que possamos trabalhar juntos e descobrir o que é apropriado para o mundo em que eles vão viver.

Um dos aspectos mais tristes da vida moderna é o que vejo todas as noites quando vou para casa e confiro meus e-mails. Todos os dias, há uma dúzia de cartas de jovens dizendo: "Tenho 20 anos e estou tentando descobrir o que fazer da minha vida. Diga-me o que fazer." Este é um pedido completamente equivocado; esses jovens deveriam me dizer o que acham que precisamos fazer, e, então, resolveríamos as questões juntos. **Acho que a mensagem para os jovens é esta: pensem por si mesmos.**

Na minha opinião, o objetivo principal é tirar a venda dos olhos e ver o mundo como ele de fato é. Fazendo assim, veremos que há enormes desafios. Os jovens de hoje enfrentam questões que nunca tinham surgido na história; enfrentam a dúvida sobre as chances de a espécie conseguir sobreviver de alguma forma decente, e essa é uma dúvida muito real. A mensagem para os jovens é que é preciso olhar para isso com honestidade, com precisão, compreender bem os desafios, descobrir todos os elementos envolvidos e, então, pensar por si mesmos. Você tem que pensar por si mesmo como vai enfrentar esses desafios. Primeiro, aceite a responsabilidade que vai encarar – os desafios não vão desaparecer sozinhos e têm que ser enfrentados por esta geração. Depois de compreender isso, trabalhe com outras pessoas e desenvolva métodos para descobrir como lidar com esses problemas coletivos. Isso pode ser feito. Há muitas ideias, muitas propostas, muito o que aprender, mas, na verdade, nada é mais importante do que tomar a iniciativa e trabalhar.

SAÚL. Pepe, com toda essa experiência que o senhor carrega, e sabendo que tem grande amor pela humanidade, o que diria a todos os jovens do planeta?

PEPE. Não é bem assim, não tenho tanto amor pela humanidade [sorri]. Tenho amor pela vida, que é muito mais do que a humanidade. A humanidade é apenas parte da torrente da vida. Nisso, sou quase animista. Mas por amor à vida, tal como Nietzsche, penso que o homem pode ter uma causa para viver e que ser capaz de dar sentido à vida o distingue um pouco dos demais animais. Afinal, estar vivo é um milagre, é o maior milagre que aconteceu a cada um de nós. Mas você pode viver simplesmente porque nasceu, como um vegetal, ou depois de ter nascido pode dar sentido à vida. **Esse é o luxo que a consciência nos oferece e que nos permite criar a civilização: viver tendo uma causa.** E a causa é a prática da solidariedade com os outros e com a vida, porque isso é uma forma de felicidade; do contrário, parece-me que a vida é como uma condenação.

Sendo uma coisa bela, a vida deve ser cuidada, deve ser multiplicada – isso é lutar pela liberdade. Viver é ser livre. E ser livre é, como diz Noam, tirar a venda dos olhos. Porque todos os dias há uma venda para tirar dos olhos! Não deixem, garotada, não deixem que roubem sua liberdade! Vocês não podem entregar a liberdade ao mercado! A liberdade deve servir à vida, e não a vida à liberdade. Você deve ser dono da sua própria vida e não permitir que ela seja direcionada pela tela da televisão ou do celular. É por isso que a imagem da venda nos olhos me parece bonita.

* * *

PEPE. O problema é que há jovens que já são velhos, que estão totalmente absorvidos pela dinâmica consumista que a sociedade impôs, e vivem de forma vegetativa. Eles não questionam, só vão seguindo. Mas existe, sobretudo nas universidades, entre as pessoas mais jovens que têm a oportunidade de educar suas mentes de alguma forma, uma margem de inquietação intelectual, questionadora, crítica, que é uma alavanca promissora e positiva enquanto essa juventude tiver a capacidade de não se deixar absorver pela cultura imposta pela sociedade de consumo. É aí que vejo as principais reservas de esperança no futuro da humanidade.

A minha geração sonhava com um proletariado independente, homens fortes de macacão e boné em fábricas gigantescas... Isso passou. O que está por vir está no mundo das universidades de hoje. Mas a batalha é para que a vontade de trocar o carro por um mais novo ou o desejo de viajar para Miami não os consuma, e que possam ter senso de responsabilidade com a sociedade a que pertencem. Mas também temos que compreender que existe uma outra humanidade, aquela que não é nem jovem nem velha, que é a que mais dói: a humanidade que sobrou, pessoas que não têm lugar no mundo, onde quer que seja, e que, aparentemente, nasceram para ser vítimas. São multidões da África, multidões da América Latina que querem emigrar, aqueles que pegam o trem na América Central, todos esses, os desesperados do mundo, cada vez mais numerosos. Pois bem, eles não são jovens nem velhos, são vítimas. A batalha é por isso, por incorporá-los à existência humana.

Essa não é uma tarefa fácil, pois a civilização do *marketing* te seduz com o objetivo de te transformar num consumista implacável. É preciso separar o consumismo da imagem do homem feliz que, segundo a Bíblia, não tinha camisa – talvez vivesse num país tropical e não pedisse tanto [diz, rindo] –, mas precisamos entender que a felicidade não está na riqueza. **Ou você alcança a felicidade com pouco ou não a alcança com nada.** E acho que há duas maneiras de morrer: resignando-se ou lutando. Os jovens vão sobreviver a nós, e a contribuição fundamental deles neste mundo, e neste momento da história, é salvar a natureza e obrigar os governos a reparar o desastre. Caso contrário, com a nossa resignação, contribuímos apenas para pavimentar o caminho do holocausto da civilização humana; e hoje nem estamos em condições de medir até onde podem chegar as consequências do que estamos provocando. **Se a humanidade não começar a apaziguar a guerra e lutar para reverter a mudança climática, estaremos perdidos. Afinal, isso não será feito pelos governos, a não ser que os jovens ocupem as ruas e os obriguem.**

NOAM. Isso que você diz é verdade. E deveríamos ter vergonha de termos imposto esse fardo aos jovens. Quando Greta Thunberg se levanta em Davos, nas reuniões dos ricos e poderosos, e simplesmente diz: "Fomos traídos", ela tem razão. **As nossas gerações traíram vocês – impusemos a vocês, jovens do mundo, a tarefa de salvar a civilização do nosso fracasso.** Causamos a destruição, e é trabalho de vocês tentar salvar algo do caos que deixamos. É feio, mas é verdade. E os jovens estão reagindo, vimos isso de forma dramática em Glasgow, na última reunião internacional de combate às mudanças climáticas, porque lá aconteceram dois eventos simultâneos e muito diferentes: enquanto dentro dos recintos glamorosos e cheios de gente elegante falava-se sobre como evitar fazer alguma coisa, lá fora, nas ruas, dezenas de milhares de jovens protestavam exigindo que fizessem o que precisa ser feito para nos salvar do desastre. A pergunta é: qual dessas duas forças vai prevalecer? Deveríamos estar fazendo o que eles sugerem. Não podemos abandonar a luta, devemos fazer tudo o que estiver ao nosso alcance para ajudar as gerações jovens a superar os crimes que as nossas gerações cometeram.

PEPE. Sem dúvida alguma. Acho que a pior luta é a que não acontece. A vida me ensinou que nenhum cordeiro se salvou vagando sozinho e que, como tal, a defesa da vida nos obriga a ficar unidos e a encorajar os jovens que transitam pelo mundo tentando salvar a vida no planeta, porque, no fundo, é essa a verdadeira causa.

NOAM. Temos que parar com essa loucura e ouvir os povos indígenas do mundo inteiro sobre como viver em harmonia com a natureza, e temos que ouvir os jovens que exigem que escapemos dessa corrida suicida.

PEPE. A única coisa que está explícita para mim é que o mundo que está por vir é imprevisível, mas, para que o mundo continue existindo, as gerações jovens terão que obrigar os governos a colocar as barbas de molho e a mudar de atitude. Sei que é dificílimo, mas nada vai mudar se as pessoas não lutarem. A história da humanidade nos ensina que tudo o que se conquistou, em termos de direitos e a favor da vida humana, se deu porque houve gente capaz de dedicar boa parte de sua existência à luta por essas coisas. Nada caiu do céu ou foi presente dos deuses. É muito difícil mudar de rumo, mas, se não forçarmos os governos a fazê-lo, grande parte da humanidade futura estará condenada – e não podemos nos comportar como criminosos do porvir, por isso precisamos falar as coisas de forma simples e clara.

Não há outra maneira senão sair às ruas e lutar por essas coisas, e o mundo universitário e dos jovens é que tem a palavra neste momento. Não esperemos nada do mundo fossilizado que governa a Europa, o mundo ocidental e o mundo oriental. Tenhamos, sempre, uma centelha de esperança nas novas gerações, particularmente do mundo universitário, do mundo estudantil e dos jovens trabalhadores da nossa terra. Com eles e por eles! Não esperemos nada das Nações Unidas nem das organizações internacionais. Devemos agir para que o povo force os seus próprios governos e, sobretudo, devemos encorajar os militantes e ativistas dos países centrais, que têm responsabilidade histórica pelo que está acontecendo. Eles são a Europa, os Estados Unidos, a Rússia, a China, o chamado mundo desenvolvido.

NOAM. Acho que você resume nossa situação atual com grande eloquência. Concordo e, na verdade, não tenho muito mais o que acrescentar a essas sábias palavras, Pepe.

SAÚL. Pepe, o senhor muitas vezes arriscou a vida para mudar o mundo e pagou por esse atrevimento com prisão, com tiros, com muito sofrimento. Por último, diga-me, e diga a todos os jovens do mundo: de onde vem essa força?

PEPE. Olha, se você caminhar por uma montanha, dormir à noite e acordar cedo, vai se surpreender ao ver que, de manhãzinha, à meia-luz, quase todos os pássaros cantam e falam... E você tem a impressão de que eles agradecem porque a noite passou, o dia chegou e eles estão vivos. Não há sentido na tristeza eterna, na submissão eterna. Todos os dias amanhecem e é preciso recomeçar. O valor da vida não está no sucesso; não há nenhum sucesso, porque no fim a morte sempre nos espera. **O verdadeiro sucesso é você se levantar toda vez que cai** e poder recomeçar, no sentido mais prolífico que se possa imaginar. Recomeçar é se apaixonar de novo quando você é jovem e fracassou, é se recuperar de uma doença e voltar a ter mobilidade, é perder um emprego e conseguir outro, é ter um amigo que te trai e continuar fazendo amigos, é ter a capacidade de derrotar a desesperança, sem que a desesperança derrote você.

Até sempre.

AGRADECIMENTOS

Noam Chomsky, Pepe Mujica, Valeria Wasserman, Lucía Topolansky, Roger Waters, María Ayub, Antonio Zorrilla, Zeus, John Shipton, Gabriel Shipton, Yanis Varoufakis, Rafael Correa, Jeremy Corbyn, Laura Álvarez, Chelsea Manning, Harry Halpin, René Ramírez, Angelina Bemz, Stacy Perskie, Kintto Lucas, Gabriela Alvídrez, Julián Ubiría, Alejandra Almeida, Alba Benítez, Angelina Peralta, Alberto Filizola, Diego Lacort, Julio Morales, Joel Martínez, Iris Morales, Álvaro Padrón, Agustín Canzani, Remi Vespa, Yibrán Asuad, Pablo Inda, Luis Javier Pineda, Guillermo Narro, Ovier González, Héctor Díaz, María Secco, Comunidade Kickstarter, Richard Stallman, César Valdez, David Arias, Jorge Gómez, Maximiliano Donoso e Darwin Velasco.

AGRADECIMENTOS

Noam Chomsky, Pepe Mujica, Valeria Wasserman, Lucas Lapolinsky, Roger Waters, María Ayub, Antonio Zapata Zeus, John Shipton, Gabriel Shipton, Yanis Varoufakis, Rafael Correa, Jeremy Corbyn, Laura Álvarez, Chelsea Manning, Harry Halpin, René Ramírez, Angelina Berry, Stacy Perskie, Kinito Lucas, Gabriela Alvídrez, Iolin Ubirá, Alejandro Almeida, Alba Benítez, Angelina Peralta, Alberto Falcolo, Diego Lacort, Julio Morales, Joel Martínez, Iris Morales, Álvaro Falcón, Agustín Carrazul, Kemi Vespa, Yibrán Asuad, Pablo Ioda, Luis Javier Pineda, Guillermo Navarro, Oyier González, Héctor Díaz, Marina Secan, Comunidade Kickstarter, Richard Stallman, César Valdez, David Arias, Jorge Gómez, Maximiliano Lomasso e Darwin Velasco.

Com muita admiração e agradecimento,
dedico este livro a Julian Assange.

Este livro foi composto na tipografia Minion Pro,
em corpo 11,5/16,7, e impresso em
papel off-white no Sistema Cameron da
Divisão Gráfica da Distribuidora Record.